[德] 贺东劢 (Thomas O. Höllmann)　著

华　夏

刘卫平　译

上海文化出版社

图书在版编目(CIP)数据

华夏／(德)贺东劢(Thomas O. Höllmann)著；刘卫平译. —
上海：上海文化出版社，2016.8
ISBN 978-7-5535-0569-5

Ⅰ.①华… Ⅱ.①贺… ②刘… Ⅲ.①中国历史—通俗读物 Ⅳ.①K209

中国版本图书馆 CIP 数据核字(2016)第 145732 号

责任编辑　黄慧鸣
装帧设计　汤　靖
责任监制　陈　平　刘　学

书　　名　华夏
作　　者　(德)贺东劢(Thomas O. Höllmann)
译　　者　刘卫平

出　　版　上海世纪出版集团
　　　　　上海文化出版社
地　　址　上海市绍兴路 7 号
邮政编码　200020
网　　址　www.cshwh.com
发　　行　上海世纪出版股份有限公司发行中心
印　　刷　上海丽佳制版印刷有限公司
开　　本　710×1000　1/16
印　　张　16.5
版　　次　2016 年 8 月第一版　2016 年 8 月第一次印刷
国际书号　ISBN 978-7-5535-0569-5/K.091
定　　价　80.00 元

敬告读者　本书如有质量问题请联系印刷厂质量科
电　　话　021-64855582

中文版自序

对于像中国这样一个存续数千年的经典文明之国来说，如果仅仅是为了提供大量的历史信息，那么真的还有必要再来写这样一本有关中国古代文化史的书吗？答案显然是没有必要。因而，本书试图通过所选取的六十件典型文物来充分地展现中国文化的丰富多样和博大精深，让读者可以从多重角度来欣赏一件艺术品，以对中国古代文化有一个全面的了解。

在书中，或是从单个物件，或是从某个物件的小附件，或是从一幅画面入手，透过属于它们各自时代的印记展开，并独立成为一个篇章；每个篇章又在一个更大的包括前后章节的空间里互相结合，得以衍生，其范围涵盖从食物到教育，从法律到宗教，从经济到科学等各个方面。

本书的时间跨度自秦帝国建立（公元前 221 年）起，直到蒙古族进入中原（公元 1279 年）止。书中的许多观点和事实与当代中国密切相关。换句话说，不了解一点儿中国的历史，也就无从全面地了解中国的现在。

在此向为本书中文版出版付出辛勤工作的上海文化出版社、汉德福有限公司的赵蕾女士，以及本书译者刘卫平女士致以衷心感谢！

贺东劢（Thomas O. Höllmann）

目　录

中国轮廓

习　俗

交流沟通

文化艺术

信 仰

嗜 好

前　言

　　"砺，汉人也，衣服饮食与此不同，生不如死，请速就刃。"[1]10 世纪的张砺面见北部邻国辽国皇帝时，曾如此怒斥之。这段火药味十足的引文，非常有信服力地表达了中国精英分子在面对异族文化时以华夏文化为中心的根深蒂固的思想。

　　虽然快餐文化和牛仔服盛行于当今中国，但在这个千年古国中，还是可以处处感受到这种以自我文化为中心的傲慢气息。如果不对中国历史背景进行详尽的剖析，从根本上来说，任何形式的展现当今中国状况及其内在文化渊源的尝试都难免流于失败。而重现古老中国的历史的唯一途径，在于探轶出土文物和考古学记载。

　　由于国土面积辽阔、历史背景悠远，古老中国所流传的文物史料汗牛充栋。因此本书作者采用了以单件文物为例进行阐述的叙事方式，以此达到由单个层面推理到中华文明本质脉络的叙事目的。

　　本书以最近几十年出土的 60 件文物为线索，向读者展现了中国人在不同生活领域的生活细节。"60"，这个貌似耦合的数字并不是作者随意挑选的，而是来自符合传统纪年、节气划分以及风水占卜的一种中国通用计数方法，即干支秩序。这种计数方法由 60 组汉字排列组合而成，本书的章节除了以阿拉伯数字为序，还采用这种计数方法为序。

---

① 　薛居正《旧五代史》（974）卷九八。

为了营造尽可能逼真的氛围，作者在每一个章节中都插入了引自古代书籍的原文。插图和引文的出处均作了说明。

作者虽力图展现中国古代文化之全景，但是本书的叙述却不能一一周全。原因之一在于中国地大物博，历史源远流长；原因之二在于所引用文献描述之情景大多限于中国古代上流社会的生活。本书三分之一的篇幅涉及了出自帝国的奢靡首都或者首都近郊地区的出土文物，此现象绝非偶然。由于篇幅所限，即便是有关宫廷上下的篇幅，涉及更宽广的领域，本书亦作淡化处理。此外关于一些自成一门研究领域的重要主题，例如音乐、法律、哲学、文学、艺术等方面，在本书中也只能略微提到。

由于中国历史的源远流长，本书不得不对所叙述的历史时间作慎重权衡。最终本书划定 1500 年的界限：从公元前 221 年秦始皇建立帝国到 1279 年蒙古族建立大元帝国。历史上中国曾处于四分五裂的状态，华夏文化的影响范围大大超越了彼时的中国国土范围，所以在本书中也涉及了一些曾经在现中华人民共和国领土内建都的非汉族王朝的文明。

本书出版过程中，得到了许多人的支持。在此我想对以下人士表达感谢：Oliver Dauber-Schmidt、Waltraud Gerstendoerfer、Sabina Hoellmann、Shing Mueller、Armin Sorge、Renate Stephan 以及 Christiane Thole 等对本书手稿进行详细审阅；Maria M. Kennerknecht-Hirth、Raimund Theodor Kolb 以及 Helga Rebhan 等对本书内容提出颇有裨益的建议；Marc Nuernberger 先生以及 Rebecca Ehrenwirth 女士对本书在技术上大力支持，而 Christine Zeile、Heiko Hortsch 以及 Constanze Hub 等则在出版事宜上通力合作。

在此，本书作者亦要向老朱特别致谢。朱老先生姓朱名青生，他为本书题下了墨宝。读者可以自上而下读到"华"和"夏"——单独的字或者是组合起来的词——这两个字是中国的传统名称，寓意中华大国的华彩照人。

绪　论

地理概貌

中华人民共和国国土面积为 960 万平方公里,相当于欧盟 27 个国家总面积的两倍以上。中国各地的地形、气候和植被形态各异,因此各地的文化亦各有千秋。

中国西部边疆以天山、昆仑山、喀拉昆仑山以及喜马拉雅等山脉为屏障,上述山脉统领了 7000—8000 座高耸入云的山峰。即便山谷关口常年冰天雪地,层层高峰也不能阻挡中国和西方的物质文化交流,源远流长的丝绸之路即为硕果累累的东西方文化交流史的象征。

尽管中国拥有世界第二低的盆地——吐鲁番盆地,其最低处仅为海平面负 154 米,然而,盆地在整个中国属于罕见地貌特征。海拔低于 500 米的盆地或平原面积仅占 14% 的国土面积,33% 的国土面积为广阔的高原,高原地区平均海拔 2000 米以上。除此之外,链条型山丘地形蜿蜒于三分之一的国土面积上,其平均海拔为 1000—2000 米。

山区地形虽已足够险恶,难以涉足的却还有天灾人祸所导致的沙漠化地带。长期以来,这些地区水资源极度缺乏,植被伤痕累累。前文所提及的多数高原、盆地以及低地地区均属于此类干旱或半干旱地区,它们与世界其他地区的干旱区域浑然一体,一直绵延到北非地区,将地球拦腰斩断。除了干旱和半干旱的高原、盆地及低地地形外,中国还有号称世界第二大荒漠的戈壁地区。在戈壁滩以及塔克拉玛干沙漠范围内,人畜生存颇为困难,活动范围仅限于面积小得可怜的绿洲之中。

山区和沙漠地区的生存环境恶劣如此,草原地区的植被则有一年一枯荣的草地和茂盛的灌木丛。在广大的草原地区,畜牧业生产生机勃勃。畜牧业生产方式灵活机动,牲畜进行季节性的迁移,人也随之更换住所。这种在固定的淡季和旺季依据草地的枯荣进行迁移的活动被称为转场。转场活动直接决定草原地区每年的生产生活节奏,对该地区的政治、社会结构影响深远。

犹如遍布人体的血管,中国的河流星罗棋布、数量众多。其中最著名的是长江(又称扬子江)和黄河,其长度分别为 5530 千米和 4672 千米。长江和黄河以及其他数量众多的河流在历史上起到了连接各地人民和各地区文化的枢纽作用,而非不可逾越的天堑。此外,河流还在交通运输以及农业灌溉方面扮演了不可或缺的角色。尽管如此,这些河流也时常泛滥,损失惨重,因此,不得不说,河流也是洪涝灾害的罪魁祸首。

		气　温	降　雨	植物生长期
平原	西北平原(河南等)	冬季寒冷,夏季炎热	波动较大	240 天
	长江中下游平原(江苏等)	冬季温和,夏季温暖	多,均衡	270 天
	珠江三角洲平原(广东)	冬季温和,夏季炎热	多,均衡	360 天
盆地	塔里木盆地(新疆)	冬季严寒,夏季炎热	极少	绿洲 200 天
	汉中盆地(陕西)	冬季寒冷,夏季炎热	波动较大	200 天
	四川盆地(四川)	冬季温和,夏季炎热	多,均衡	360 天
高原	蒙古高原(内蒙古)	冬季严寒,夏季温暖	少,不均衡	100 天
	云贵高原(云南等)	冬季温和,夏季炎热	多,均衡	300 天
丘陵	山东丘陵(山东)	冬季寒冷,夏季温暖	大量,均衡	210 天
	东南沿海丘陵(福建)	冬季温和,夏季炎热	多,均衡	360 天

尽管在较早时期,中国已有和亚洲其他地区开展海上交流的记载,然而,促成定期海上交易进行的主要推动者据记载应该是外国渔船和海员。15世纪,即在本书所涉时期结束之后,中国才发展起真正意义上的海军力量。

千姿百态的地貌地形特征和多样性的气候相得益彰。中国沿海地区常年受季风影响,而内陆主要持续受来自西方的气团控制。从南到北,至少可以粗略地划分出三个大的气候类型:热带气候、亚热带气候与温带气候。各区域的气温与降水量差异巨大。

自然区域的迥异特点造成了中国各地农业的差异化。据可靠估计,中国的耕地面积最多只占国土面积的12%—13%,而这其中只有很少一部分土地能保证高产。四川盆地和长江以及黄河下游地区灌溉条件优良,农业产量较高。横亘在长江和黄河之间的一条分界线将中国分为两个耕种区域,分界线以北以小麦为主要农作物,分界线以南以水稻为主要农作物。

除此以外,那些不太肥沃的土地上人口密度较低,所以,农业生产量自然也不值得一提。令人扼腕的是,这些地区不仅农业资源非常稀缺,而且古往今来干旱洪涝不断。这一点可以在官方史料记录中略见一斑,这些史料记载虽倾向于粉饰太平,但是天灾、饥荒以及瘟疫所造成的惨案历历记录在案。

传统上文化界认为黄河中下游的中原地区是中华文明的发源地。这种观念今天却难以立足。一些考古发掘证明,一些过去不被重视的地区也保留了极富个性的传统,在历史发展的长河中,这些地区的物质和精神文化发展也为如今的中华文明添上了浓墨重彩的一笔。

人口概貌

如今的中国仍然是一个多民族国家,而其中90%以上的人口为汉族。关于汉族的定义,我们主要从文化层面出发,他们主导国家政治,被公认为中华民族的典型代表。然而,汉族并不是构成那个从远古时代源远流长没有间断的"民族"历史的唯一主角,而从古至今的历史记载却长期以来致力于对这个绵延不断的"民族"史进行标榜。过去的两千多年是一篇各民族之间密切融合的历史,在民族融合史中,汉族文化对少数民族产生了深远影响,其自身也从外族文化中受益颇多。

如上文所述,中国的地域差异非常大,而语言的多样性正是各地文化差异的写照。除了普通话的各种变体,在中国通行的还有几大方言,比如粤语、吴语、闽北语、闽南语、赣语、湘语以及客家话。各地方言之间难以沟通,所以书面语发挥了重要作用。虽然各地方言读音不同,但是汉字可以在全国通用,因此汉字是汉族身份认同的重要因素,即便不能夸张地称其为最重要的因素。而汉字的掌握则需要好几年的课堂学习,在封建君王统治时期,中国只有小部分的人有条件进学校学习。

中国各地人民共有的特性是推崇定居生活方式、重视农业生产。其间,水稻扮演了颇为重要的角色,而最初水稻并不是最重要的农作物。与众所周知的猜测相反,水稻甚至在北方也相对较早进行种植,但是在北方较干旱的地区,更有利于其他作物的成长,比如小米和小麦。可引水灌溉的梯田种植只有在南方可行。不同于游牧民族,汉民族始终推崇农业生产,对"放牧"嗤之以鼻,称之为"野蛮"的生活方式。除了耕地外,全国广泛种植桑树,用来养殖蚕这种被驯化的昆虫,从它的腺体分泌物中可以得到丝绸。

唯一严肃意义上的所有社会阶层妇女都会参加的工作是纺织。其他一切超出单个家务范围的、与社会生活有交集的工作都主要由男人来承担,譬如一切政治与法律事务。一般来说家庭内部工作是由男主人来分配,但是家庭实际的内部结构却与中国人所信奉的男尊女卑理念的条条框框不尽相符。首先不容忽视的便是婆婆的强势地位,但这只限于上层社会,因为占人口大多数的普通家庭单位都很小,通常由父母与未婚的孩子组成。

中国人注重延续香火的家庭责任,重视祖先崇拜。因此,男婴的地位非常高,而女婴往往在出生后就立刻被杀死。祭奠祖先的行动不仅可以架起通往彼岸的桥梁,同时可以促进家族后代的精诚团结,并将祖祖辈辈流传下来的行为准则传承给后代。而这些行为准则的核心内容则是尊重前辈,比如遵循一些如今略显古板的繁文缛节,这些繁文缛节为一些儒生所制定,因此推崇儒礼。另一方面,中国礼仪的核心思想也一定程度上体现了道家精神,因为道家的宗教组织形式强调等级观念。甚或是佛教思想也在中国传统礼仪中发挥了其影响力,佛教传入中国之后入乡随俗地增加了丰富的中国式思想,在某些方面,这些思想和佛教原有的禁欲主义苦行僧理念相悖。

中国家庭亲缘结构可以被看作古代中国政治秩序的缩影。值得注意的是,相较于一家之主与家庭成员间的关系,皇帝的地位远远高于其臣民。皇帝不仅是一国之君,更是上天在人间的代表。从国家层面上,臣民被自上而下精确地分为四个等级——士、农、工、商。

显而易见,上述社会阶层的划分是读书人的良好意愿。作为中国的知识分子,他们时不时会有紧迫感，以提高知识分子阶层的社会地位为己任。而在真实的历史中，中国社会各阶层的分界线往往是模糊不清的。士大夫、武官、大地主和大商人通常组成众多同盟。而在某些时期，太监或者皇帝的外戚也曾有过权倾朝野的待遇。那些能力出众、腰缠万贯、家庭出身显赫的上层群体虽然不拥有类似欧洲贵族家族的独立性和延续性，但在某些时期，其家族拥有自主权并可以继承爵位。因此，此类上流群体在本书中有时也会被归到贵族范围中。

在中国古代，拥有特权的阶层人口仅占少数，政府官员数量一直远低于总人口的1%，而文盲队伍庞大，人数令人咋舌。最早的人口普查数据出自公元 2 年，其可靠度颇为有限。据统计，其时中国人口不及 6000 万。而其后几个世纪的人口统计数据一直在缩小，或许是因为实际的人口减少，或者由于调查不充分所导致。直到公元 11 世纪，人口统计数据才显示中国人口大幅上涨。

另一方面，城市人口统计的可信度也值得商榷，不过可以肯定的是，大量人口搬到西安、开封或杭州等大都市，从公元 7 世纪到 13 世纪，这几个城市曾经是中国的首都，几大城市的人口数量均逾百万。随着战争、自然灾害和饥荒，人口和经济中心也多次向长江以南地区迁移，曾经的不毛之地变成了经济繁荣的地区。

长江以南地区其他种族的居民当时还保留着自己的民族传统。他们只有两种出路可供选择，第一是被汉族同化，第二是退居到更加偏远的地区。通常他们无法躲避汉人并不总是温柔的"拥抱"，只有南诏王朝（738—902，今属云南）与大理王朝（937—1253，今属云南）实现了长期的民族独立。其他种族通常都会被融入到汉人的社会结构中，然而他们却也常常会将自己的基因传承下去，把"蛮族"的基因嫁接到父系传承血统之中。

到达长江以南地区的第一批移民是小商小贩，紧接着是农业移民。一般来说汉人出于保护个人财富和巩固社会影响力的需要，会寻求中央政府的行政支持。另外一种情况是，中央政府出于充实国库的需要，介入国家政权对这个地区进行管理。此外，通过建立军事殖民地，可以展示中央政府的武力威慑。然而另外一种措施却奏效得多：安排或者确认当地的首领进行该地区的领导管理工作，只要他们承认中央皇权的统治并定期向朝廷进贡，就可以在自己的领地里进行自主管理。

中央政府在边缘地区筛选出来的管理精英，往往以中央政府所赋予的权力为后盾，致力于扩大自己的、在原有社会秩序中并未根深蒂固的权力。他们拉帮结派，勾织党羽，给下属封地许爵，使其形成新的社会阶层。对于十万八千里远的朝廷来说，不直接统治的政策既经济又充满优点,而直接的管理可能耗费巨大的财力。另一方面,大部分中国官员过于自傲,不愿意学习"蛮族"的语言和风俗习惯,而那些被贬的官员却往往能够和异族人串通一气。

对于境内的少数民族和邻国,中国政府的交往方式如出一辙。邻国的上流社会一般被中国传统礼仪熏陶,在其国家属于统治阶级,甚至于在很多时候,这些邻国非常渴望中国皇帝赋予他们作为附庸国的合法地位。因此,中国传统礼仪同样在越南奏效,即便是越南独立之后依旧如此。从中国进口的儒家理念往往被越南上层精英分子用于维护和巩固自己的社会特权。

综上所述,长江以南是一个"自然而然"被征服的地区,与此同时,该地区也是一个易守难攻的区域。而在北方,在草原两边两种生活方式并列存在、互不相让。一方面,汉人处处注重维护父系血统制度、以父系亲缘为中心的居住制度以及等级森严的阶层制度,在经济生活之中更甚于在社会秩序之中。另一方面,游牧民族注重畜牧业,每年多次转场,而这在以农业为主、崇尚定居生活的汉人眼中是落后的体现。

长城生动地体现了汉族和蛮族的对立状态。到公元 16 世纪,长城才完全无缝连接在 起。公元 16 世纪的长城由一套瞭望台与信号塔组成,长城与其说是一道不可逾越的屏障,不如说是一个便于官方控制边界居民、小商小贩和散兵游勇的建筑物。其次,官方也寄希望于长城能够防止先进技术的外流,但是历史证明这只是徒劳而已。至于长城在军事上的作用,无数次的定期"蛮族入侵"足以证明其局限性。

此外,一些游牧民族曾将他们的帝国扩大到中原,其中最成功的当数拓跋部落联盟(北魏:386—534)、契丹(辽:916—1125)、党项(西夏:1032—1227)、女真(金:1115—1234)。而蒙古人(元朝:1279—1368)最终踏平中原,并且将西藏纳入其版图之中。

军事占领与政治恐吓并没有将外族文化强行变为主流文化。通常情况下,外来统治阶级必须适应所辖地区人民的生活习惯。故而,有的中国史料中所记载的全面汉化现象并不存在,而汉族全面适应蛮族文化的现象同样也不存在。

一般人会想当然地认为,在外族统治时期汉族文化遭到了破坏,而事实却不尽其然。不可否认的是,文化繁荣在大多数情况下都是以国家的统一为条件的。不过在中国历史上,总有一些疆域难以管理:比如塔里木盆地边缘的绿洲地区,熙熙攘攘的人群来自各地,在贸易过程中其语言、文字和传统子子孙孙无穷无尽地绵延下去,形成了独特的一方文化。

塔克拉玛干与戈壁边境出土资料上的语言和文字列表

语　言	语　族	语　系	文　字
吐火罗 A	吐火罗语族	印欧语系	婆罗米文
吐火罗 B	吐火罗语族	印欧语系	婆罗米文 摩尼文
粟特语	伊朗语族	印欧语系	婆罗米文 聂斯脱利文 摩尼文 粟特文
巴底亚语	伊朗语族	印欧语系	突厥文 摩尼文、粟特文
巴克特里语	伊朗语族	印欧语系	嚈哒文
格单塞语	伊朗语族	印欧语系	婆罗米文
田塞语	伊朗语族	印欧语系	婆罗米文 卡罗施蒂文
中古波斯语	伊朗语族	印欧语系	巴列维文 突厥文 摩尼文 粟特文
新波斯语	伊朗语族	印欧语系	阿拉伯文 聂斯脱利文 摩尼文 希伯来文
梵语	印度语支	印欧语系	婆罗米文 帕拉文 汉字
普拉克里特语	印度语支	印欧语系	婆罗米文 卡罗施蒂文
希腊语	希腊语族	印欧语系	希腊文
叙利亚语	闪米特语族	闪—含语系	聂斯脱利文

语　言	语　族	语　系	文　字
希伯来语	闪米特语族	闪—含语系	希伯来文
古土耳其语	突厥语族	阿尔泰语系	突厥文 婆罗米文 八思巴文 藏文 阿拉伯文 萨法维文 维吾尔文 摩尼文 粟特文
蒙古语	蒙古语族	阿尔泰语系	婆罗米文 蒙古文 法格斯帕文
契丹语	蒙古语族	阿尔泰语系	契丹文
藏语	藏缅语族	汉藏语系	粟特文 维吾尔文 藏文
西夏语	藏缅语族	汉藏语系	西夏文
汉语	汉语族	汉藏语系	汉字 维吾尔文 藏文 粟特文

　　汉朝时期(公元前 206—公元 220),坐落于丝绸之路另一端的是罗马帝国。官方史学一改以往以中国为中心的态度,承认罗马帝国与中国处于同一级别。其时,两个帝国中央之间并没有直接交流,相互之间形成美好的想象,对于彼此并不存在太大的风险。而史学家对待匈奴与乌孙这两个强大的北方民族的态度则截然不同,他们用厌恶的笔法惩罚这两个蛮族。尽管如此,汉朝皇帝还是被迫以供应丝绸与远嫁公主的方式与其结好。草原上生活艰苦,公元前 2 世纪末汉武帝的侄孙女细君公主远嫁乌孙,曾作《悲愁歌》:

吾家嫁我兮天一方,远托异国兮乌孙王。

穹庐为室兮旃为墙,以肉为食兮酪为浆。

居常土思兮心内伤,愿为黄鹄兮归故乡。①

朝代概貌

朝代一览表			
夏		公元前 21—前 16 世纪	
商		公元前 16—前 11 世纪	
周	西周 东周	公元前 11 世纪—前 771 年 公元前 770—前 256 年	
秦		公元前 221—前 206 年	公元前 256 年,秦灭周。前 255 年 起至前 222 年,史家以秦王纪年。
汉	西汉 东汉	公元前 206—9 年 24—220 年	公元 9—23 年,王莽篡政(新)
三国	魏 蜀 吴	220—265 年 221—263 年 222—280 年	
晋	西晋 东晋	265—317 年 317—420 年	304—433 年,北方各种外族统治
南北朝	南朝: 宋 齐 梁 陈 北朝: 北魏 东魏 西魏 北齐 北周	 420—479 年 479—502 年 502—557 年 557—589 年 386—534 年 534—550 年 535—557 年 550—577 年 557—581 年	

---

① 班彪、班固、班昭《汉书》(约公元 115 年编写)卷九六。

朝代一览表

隋		581—618 年	
唐		618—907 年	690—705 年,武则天篡政（周）
五代	后梁	907—923 年	904—979 年,南方十国
	后唐	923—936 年	
	后晋	936—947 年	
	后汉	947—950 年	
	后周	951—960 年	
宋	北宋	960—1127 年	北方外族政权：辽（907—1125 年）、西夏（1032—1227 年）和金（1115—1234 年）
	南宋	1127—1279 年	
元（蒙古族）		1279—1368 年	
明		1368—1644 年	
清（满族）		1644—1911 年	

自公元前 11 世纪以来,统治中国的是周王朝。相邻的"蛮族"多次侵犯周朝,周朝无力抗衡,因此被迫于公元前 771 年向东部迁都。大部分世袭领地落入他人之手,周朝政治权力根基摇摇欲坠。此后中国仅在名义上勉强维持统一,实际上四分五裂,各诸侯国相对独立。几大诸侯国称霸华夏大地,依附于大诸侯国生存的还有大量小的诸侯国。战争与和平、兼并与联合此起彼伏,绵延数百年。秦国的胜利为诸侯争霸画上了句号,秦国的统治者逐一歼灭了其他诸侯国,把所有诸侯国合并为一个帝国,并以其本国名字为之冠名。

帝国建立者采用了一个全新的尊称——皇帝("神圣崇高者"),以此来表达皇权的至高无上。帝国建立两年后,皇帝四处巡幸新占领的地盘,攀登高峰,并于峰顶树立碑界,以此宣告新时代的开始:

> 皇帝临位,作制明法,臣下修饬。二十有六年,初并天下,罔不宾服。亲巡远方黎民,登兹泰山,周览东极。从臣思迹,本原事业,祗诵功德。治道运行,诸产得宜,皆有法式。大义休明,垂于后世,顺承勿革。皇帝躬圣,既平天下,不懈于治。夙兴夜寐,建设长利,专隆教诲。训经宣达,远近毕理,咸承圣志。贵贱分

明，男女礼顺，慎遵职事。昭隔内外，靡不清净，施于后嗣。化及无穷，遵奉遗诏，永承重戒。①

秦始皇（"秦的第一代皇帝"）的统治只持续了十多年。为了实现帝国真正的统一，始皇帝厉行改革。秦帝国在始皇帝死后不久大厦将倾，而始皇的政治改革却为后世奠定了统一的政治制度基础。秦王朝灭亡之后，汉朝成为后来的四百年里决定中国命运的王朝。汉朝沿用了秦朝的政治制度，虽然汉朝的官方文献不愿意承认这一点。

此后，堪称中国历史上第二次开辟元年的时代是蒙古人占领时期，此为历史上第一次全境被外族统治的时期。此次大转折仅从"元"的国号即可略见一斑——"元"在汉语中的意思为"开端"。蒙古人从公元 1280 年开始统治中国，元朝的第一个皇帝忽必烈汗早在之前二十年就做了以下表述，其称霸中华的思想初见端倪：

祖宗以神武定四方，淳德御群下。朝廷革创，未遑润色之文；政事变通，渐有纲维之目。朕获缵旧服，载扩丕图，稽列圣之洪规，讲前代之定制。建元表岁，示人君万世之传；纪时书王，见天下一家之义。……炳焕皇猷，权舆治道。②

这段文字，从用词用语的角度推断，应该是忽必烈汗的汉族谋臣草拟，文中忽必烈汗的美好意愿仅仅实现了有限的一部分。这段文字引起两种观点的争议：这象征着中国被并入蒙古人的世界帝国，或者说明了外来统治者的汉化？公元 1279 年宋朝的灭亡虽不能意味着中华传统文化的灰飞烟灭，然而众多历史学家把宋朝的灭亡看作历史的转折点和时代的分水岭。也是这一转折点之后，欧洲人才有直接接触中国人的记载。他们中的一些人，如马可·波罗（1251—1324），以游记的方式为西方读者展现了令人艳羡的中国印象。

中国君权制度从建立到灭亡的 1500 年间，其掌权者并非皆为伟人。1500 年间至少有一半时间，国家处于支离破碎的状态。其间小国林立，短命王朝前仆后继，"天下一统"化为泡影。众多史家所公认的"长治久安"的时期也往往与现实相去甚远。即便是统治期有数百年的汉朝、唐朝以及宋朝，在王朝末期也都经历了皇权分崩离析的阶段。其中汉朝和唐朝的"长治久安"甚至被篡位者改写了历史：王莽改制的新朝（9—23）和历史上唯一的女皇帝武则天建立的周朝（690—705）。正如对待任何异族统治的一贯笔

---

① 司马迁《史记》（约公元前 90 年）卷六。
② 宋濂《元史》（1370）卷四。

法,后世的史官无一例外剥夺了这两位篡位者在历史记载中的合法权。

为了避免意识形态所导致的历史书写的两难和尴尬,欧美的中国学研究者们曾建议采用其他模式来划分时代。这种模式以经济学、社会学或者思想史的发展为首要标准。然而,久而久之,专家们发现这种划分方式过于笼统,有失偏颇,比如用于描述历史状态的仅限于"原动力"、"僵化"和"衰退"等难以定论的术语。同样的道理,把中国历史如欧洲历史一般简单划分为古代、中世纪和新时代也是站不住脚的,单单是划分不同时期的历史界线就颇为牵强。比如中国的中世纪不再是从公元 6 世纪到公元 13 世纪的那段时期,中国的中世纪甚至延伸到 19 世纪。

涉及大的历史时期的名称,本书将沿用传统的朝代名称,尽管其中有其荒谬之处。此外,本书力求以精确的计时方式来书写历史,尽量具体到某年、某十年或者某世纪。追溯到帝国更加悠远的古代史,本书偶尔亦采用"古典时期"这个术语,在上下文中并不显突兀。

在中国历史上,从公元前 2 世纪开始流行一种新的纪年方式。此法一来用于标志新皇帝即位,二来在政府公告中广泛使用,比如"永安"或者"天宝"。曾经有某些皇帝在短时期内多次改元,寄希望于以这种方式宣布吉祥箴言,改变国家的运道,特别是在危机时刻使局面转好。

然而,改元却不见得总带来好运。历朝历代都会有一位满载荣誉的开国君主,也必定有一个一败涂地的亡国之君。在史书中,亡国之君不免被扣上各种失败的帽子,其宠爱奸臣、偏爱宠妃等等失误之处被大写特写。这些记载毫无新意,与历史事实是否相符也并不重要。如此种种,不过是为了证明新朝代替旧朝的合法性。

除此之外,另外一种完全不受政治事件影响的纪年方法也在中国广为流传。这种纪年方法以 60 年为一个周期,通过双字符,以固定的间隔重复排列,采用如此排列方法,公元 758 年、公元 818 年、公元 878 年三个年份的名称相同。为了保证其准确性,这种纪年方法需要和具体历史事件搭配使用。曾经有人尝试把这种循环按照年份排列组合出来,比如,从公元前 3000 年随意找出一个时间点开始排列年份,但是这样计算出来的年份的连续统一性对于历法记载的实践意义并不大。难怪公元 2 世纪中国古人曾在一本书中这样感慨:"时难得而易失也。"[1]

---

① 刘安《淮南子》卷一。

资料来源

历史编纂者的任务是编写官方历史记录。公元前两千年，中国出现了用龟甲占卜的技术，而史书编写者则是最早记录龟甲占卜的那群人。这些人和算命的近亲关系在皇帝时期得到证明，其任务不一定在于记录真实的历史事件，更在于歪曲和排除事实，并让后代可以模仿他们这一书写历史的范例。

公元前90年由司马迁编写的中国最早的纪传体通史《史记》并不是一部受皇帝委托逆来顺受编写的作品，而是司马迁独立查询历史文献所编撰的。这是一部充满批判性反思的历史书，而这种反思被掩盖在一些不厌其烦的对于小事件的描述过程中。在记载历史的形式上，司马迁为后代提供了可以模仿的范本。自此，宫廷图书馆以及专门负责历史记录工作的政府机构中的专家被赋予了两个特殊任务：一方面编写本朝的档案和资料，另一方面对前朝往事作负责任的描写。

每隔一段时间，知识分子会有规律地发起讨论，讨论本朝本代的历史记载是否符合道德要求，文学水平是否达标，但是历史事件的真实性却很少被关心。在一定程度上，这种重道德重文学、忽视历史真实性的态度也同样适用于百科全书的编撰。百科全书虽然可以拓宽一个时代的教育视野，但是并不会触及政治以及社会话题，因此百科全书是科举考试的敲门砖，而科举考试则为政府提拔官员铺平了道路。

除了官方所公布的历史图景，至少还有一些在审查范围内允许出版的文字流传于后世，比如一些地方编年史、规章制度、法典等。这些文字在表述方面和礼仪描述方面有所欠缺，却传播了不少客观信息。尤其富有启发性的还有诗歌，这些诗歌文字主观性非常强，往往夸大其词，但是我们还是能够从中捕捉到那个时代人们日常生活的点点滴滴。

历史溯源工作非常困难，原因在于众多历史事件都是以文本的方式流传下来的，乃至于最终所有的历史事件都只是一根长长的文字链子，而那些可以追溯到秦始皇统一中国时期具有连续性的事实档案根本无据可查。只有那些被刻在石头上的能够保证永久可信度的文字才是例外。除了金石学证据以外，一段时间以来，专家们越来越倚重于另外一种溯源方法，就是在古墓中皇帝墓葬的殉葬品中寻找文字记载，并把这些文字记载和其前的一些版本进行对比，以期查找历史真相。

除了文字记录、金石记录以及墓葬碑铭以外，中国西北部边疆地区和佛教寺院保留了丰富的文字记录，当地居民的日常生活可以从中略见一斑。更富有启发性的是戈壁和塔克拉玛干沙漠边缘建于唐朝时期（618—907）的众多石窟群中的壁画，这些壁画不仅仅涉及宗教主题，而且描述了出家和尚以及带发修行的居士们的生活。相比西方，窖藏宝库在中国比较少见，原因在于一方面中国人在危难时刻并不放心把家庭财产藏于地下，另一方面埋于地下的宝贝比较容易被房屋的新主或者盗贼挖掘。

正如上文所提，可以从墓葬中找到颇多用于了解中国古人生活的历史依据。这些墓葬大部分装饰有砖头浮雕或者刻有文字的石碑，绘画覆盖了属于墓葬群的大面积地宫范围。绘画场景涉及神话母题、居民住宅、厨房场景、音乐演出、艺术表演、阅兵仪式、马驾车跑、狩猎出游等方方面面。专家研究证明，这些绘画图景在某些时代用于梓宫殿内的装饰，或者用于梓宫殿前厅以及侧厅的装饰，甚至也有可能用于梓宫殿后侧的通道装饰。

除了绘画艺术，在墓葬群中还可以发现大多以陶土为原材料、间或以木头为原材料或者其他人工合成材料做成的舞俑、乐师、随从、士兵、各种动物，乃至于小储物箱、马桶、小人、小马、小井、小磨等微雕物品。各式各样的陪葬品当中，有的是亡者日常生活用品，有的是吊唁的人奉献的祭品，有的则是墓葬礼仪所特有的供奉物品。甚至于食品亦可以充作殉葬品，令人叹为观止的是，考古学家竟然在一丛墓葬中发现一间完整的"餐厅"。

犹如文字记载，后人也只能从后世流传的临摹作品中品味中国大部分古典画轴和纪念画册的韵味。尽管临摹作品的真实性遭到世人怀疑，但还是能够作为可靠的历史事件信息源。临摹正品对于中国的艺术家来说是自然而然的事情，在中国，对于正品惟妙惟肖的临摹能力也是一种受人追捧的艺术能力。

在中国古代，石块墙和砖块墙专用于塔形建筑。在普通建筑中，中国人使用的建筑材料并不经久耐用，乃至于到如今鲜有原始建筑材料保留完好。大部分遗址仅残存地基和房顶的砖瓦，很难根据这些残存材料推断房屋的高度以及房屋设备情况。而汉代（25—220）墓葬中遗留的数量众多的陶土模型和壁画艺术，给后世留下了关于当时建筑的想象依据。

时代划分是本书编辑工作中一项棘手的任务。如果以朝代名称来划分时间，人们往往会把某一时期的全部东西笼统地划归于某个朝代，如此，所承担的模糊风险过于庞大（比如汉代涵盖了大约四百年的历史）。而与此同时，铭文、古币、自然科学方法和参照物则为历史探源提供了更为精准的时间依据。因此，在本书中，作者尽可能使用精确的时间划分方法，并附上简短的原因说明。此外，本书在引用古籍原著时，加注了所引用文字准确的时代说明，这是中国学研究中并不常见的一种做法。

华夏

漆制屏风画——皇帝和嫔妃（山西大同司马金龙墓，5 世纪）①

成帝游于后庭，尝欲与婕妤同辇载，婕妤辞曰："观古图画，贤圣之君皆有名臣在侧，三代末主乃有嬖女，今欲同辇，得无近似之乎？"上善其言而止。②

---

① 图片来源：《新中国出土文物》（北京，1972）第 135 图。
② 班彪、班固、班昭《汉书》（约公元 115 年编写）卷九七。

甲 子

1. 皇帝——天的代言人

左图为山西大同司马金龙墓出土的一架漆制屏风描绘的场景。此墓大约建于公元 484 年，为司马金龙与其妻子合葬墓，是北魏时期都城附近最有名的墓葬。墓葬主人出身名门：其父乃晋朝皇族，晋灭亡后逃往大同，于公元 386 年以后归顺掌控东北的统治者；其母原为草原地区土著拓跋族所建立的魏国的一个公主。

在这座 1965 年出土的墓葬中，专家发现了 454 件珍贵文物。其中一架彩绘立式屏风的残片非常醒目，屏风残片高 81.5 厘米，宽 40.5 厘米，屏风前后突出绘有男女画像。屏风上完整保留了八幅场景，由于其中人物身高差异明显，由此可以推断所绘人物的出身和身份。其下的碑文则显示，坐于四抬乘辇的人即为成帝，站立于皇帝右侧的女性即为班婕妤。班婕妤就是那位身居嫔妃高位、曾经拒绝陪伴自己夫君出游的女性，拒绝的理由是宠妃随行是伤风败俗的表现、王朝灭亡的前奏。由此可得一窥中国史书的惯用笔法，依照如此书史方式，中国历史学家尤为擅长把某个王朝的灭亡归咎于最后一位君主被强制按上的纵欲恶习。他们会以马后炮的方式把这些亡国之君理所应当的失败和其亡国前的荒淫无度、花天酒地联系在一起，而真正的历史事实却往往与之大相径庭。此外，一个朝代灭亡之前，往往会出现一些自然灾害、预示着不幸的兆头、人民起义或者是朝廷的贡品锐减等现象，乃至于皇帝失去作为上天代言人的统治地位。毕竟，皇帝的天职在于把人伦和天理结合起来，如若不然，皇帝被上天和他的朝代委托治理国家的权力随时可以被收回去。

唯天子受命于天，天下受命于天子，一国则受命于君。……灾者，天之谴也,异者,天之威也,谴之而不知,乃畏之以威……凡灾异之本,尽生于国家之失,国家之失乃始萌芽,而天出灾害以谴告之。[1]

然而,汉代的皇帝并没有把自己仅仅视作上天和凡间的中介者,他们自认为是至高的神权君主。只有皇帝才有权执行祭天仪式,他们是崇拜上天的牧师、布道者和神职人员,他们掌管着人民奉献给土地、山川以及各位神灵的供奉品。除此之外,人君还被上天赋予特权,和人类的祖先进行交流。通过用龟甲占卜,人君则得以领会祖先的意志。人君拥有"皇帝""天子"等称号,权力至高无上。他们是军队的最高长官、法院的最高法官,无论他们的评判有多么不合情合理,他们的意志也不容推翻。

中国古代皇帝的天威之高,高于常人想象力数倍以上。曾几度,历代皇帝甚至无视国家底线,荒唐地要求普天下开化之民绝对臣服于己。譬如制定皇历一事,即可反映皇权之威力,以至于皇帝貌似得以掌握星移斗转。关于理想人君的个性、能力及其任务,公元649年薨逝的唐太宗在临终前曾经留与后人一份政治遗嘱,其中涉及12点内容:(1)君体;(2)建亲;(3)求贤;(4)审官;(5)纳谏;(6)去谗;(7)诚盈;(8)崇俭;(9)赏罚;(10)务农;(11)阅武;(12)崇文。事实上,太宗本人对于自己作为人君对于这一系列要求的实施并不绝对满意。

此十二条者,帝王之大纲也。安危兴废,咸在兹焉。……吾在位以来,所制多矣。奇丽服,锦绣珠玉,不绝于前,此非防欲也;雕楹刻桷,高台深池,每兴其役,此非俭志也;犬马鹰鹘,无远必致,此非节心也;数有行幸,以亟劳人,此非屈己也。斯事者,吾之深过,勿以兹为是而后法焉。但我济育苍生其益多,平定寰宇其功大,益多损少,人不怨;功大过微,德未亏。然犹之尽美之踪,于焉多愧;尽善之道,顾此怀惭。[2]

然而,这封充满了道德叹息的遗书不应该误导读者。太宗仅在一定程度上符合他在遗书中标榜的审慎行事善于反思的形象,他也有阴暗的一面,众多史料证

---

[1] 董仲舒《春秋繁露》(约公元前135)。
[2] 唐太宗《帝范》(648)。

明,太宗是一个毫无顾忌的冷血的暴君。为了登上皇帝的宝座,太宗甚至不惜杀害手足。他杀戮了两位亲生哥哥,其中一位是嫡出太子,并即刻娶其中一位寡嫂为嫔妃。

令人君忧心忡忡的不仅仅有诸如农民起义、旱涝灾祸或者是预示天威消失殆尽的征兆,最大的忧患还来自皇亲国戚。母族的亲戚和其他的联姻亲戚,更不用提皇帝的儿子、兄弟、堂兄弟、叔伯等,无一不想登上国家最高权力宝座。如果皇帝能够提前禅位于皇子,则不仅可以巩固皇权,而且在一定情况下还可以保证自己长命百岁。

彩绘陶塑——态度恭顺的官员（陕西蒲城县三合乡李宪墓，8 世纪）[1]

设官分职，量事置吏。官得其人，天下自治。……用非其才则乱。治乱所系，焉可不深择之哉。[2]

---

[1] 图片来源：Jutta Frings 编《西安——皇帝在彼岸的权力：中国古都的墓葬文物和寺院宝藏》（美因兹，2006）第 245 页。
[2] 《韦嗣立上疏》（709），引自《唐会要》（961）卷六七。

乙 丑

2. 世故而又腐败的官员

公元741年，唐玄宗的长兄李宪的陵墓被迁至首都长安(今西安)东北140公里处。李宪长眠之处被命名为惠陵。惠陵有其专用名号，原因在于李宪死后被赐予了帝制墓葬待遇。

2000年，考古学家开掘这片墓葬群，竟然发现自己踏在近千件文物之上：其中有一件长102厘米、宽70厘米、高43厘米，与真人等大的跪姿雕塑，从他的帽子不难判断出这是一位温饱不愁的官员，其官袍上残留的红色显示他是文官中级别比较高的一位。"磕头"这个概念即便是在西方也被解读为卑躬屈膝的身体语言，而这位颇有影响力的文官在此做磕头这种恭顺的姿势，显示了墓葬主人超乎寻常的社会地位。

在中国古代，如果想在中央行政机构或者地方政府谋得一官半职，原则上有四种渠道：权势家庭出身、掌权者的提携、买官交易和科举考试及第。科举这种书面的考试形式于公元132年出现，通过科考筛选而来的官员充当了不同朝代的中坚力量。虽说普通百姓都可参加选拔，然而科考以私塾中高强度长时间的训练学习为前提，因此寒门子弟往往很难有机会参加科考。考生们在日后职业生涯中所需要的实用知识几乎不会在科考试题中涉及，唯有宋朝时期有一度曾经在考题中出现过法律、经济以及地理方面的知识。通常情况下科考的内容包括哲学和文学等主题，科考的套路也非常僵化。所以考生需要良好的记忆力、熟练的文法和多年寒窗苦读，与此同时，考生的个人创新能力被束缚，个人思想智慧被套上了枷锁。

而通过科举为官之后,这些书生们所应该履行的职责确实五花八门不厌其烦。他们会定期换岗,堪称通才。与之前所接受的那种精英式教育模式大相径庭,社会实践的前期知识和为官做宰的人情世故对他们履行职责大有裨益。他们必须通晓法律知识、财务管理,而且在市政建设、街道铺设、防水防洪、军事扩建领域和灾害救援方面样样精通。

公元 657 年,中国的官员数量为 13465 人,到公元 1046 年约为 24000 人,官员人数的增长低于人口数量的总增长,中国总人口在同时期增长了大约两倍不到。平均仅有不到 300 个国家公职人员服务于 100 万百姓,国家机器的运作能力非常低下,为此所投入的财政款也非常有限,因此一些级别比较低的官吏通常会做一些苟且之事。1058 年宰相王安石曾经在一篇纪事中这样奋笔疾书:

> 方今制禄,大抵皆薄。……而其故今官大者,往往交赂遗,营资产,以负贪污之毁,官小者,贩鬻乞丐,无所不为。夫士已尝毁廉耻以负累于世矣,则其偷惰取容之意起,而矜奋自强之心息,则职业安得而不弛,治道何从而兴乎? 又况委法受赂,侵牟百姓者,往往而是也。此所谓不能饶之以财也。[①]

通常,潜在的薪俸与工作的付出并不对等。官员们处理的事务大多都有油水可捞,正是此才保证了他们的生活水准。这不仅适用于官员本身,也同样适用于替他们服务,直接或间接地威胁百姓们的税务官员、状师和侍卫们。

在某些时期,官员们不仅仅面临着俸禄低下的问题,他们甚至在入职时还要给国家财政交特殊的款项以充实国库。这个距离买官卖官就只有一步之遥了,选拔官员不再以其才能为标准,而是看其钱财后台是否够硬。大地主阶层以及富甲一方的商人便可以通过这个途径为自己和家人社会地位的上升谋利。花了很大代价买来了官位,所以许多人爬上官位以后就迫不及待想捞回老本。唐律对于科考作弊和利用职权胡作非为制定了刑罚,这并不是空穴来风。而公元前 2 世纪的刑罚则比唐律严厉许多,那时,任何一位官吏如果被确认有不合法的支出,都要以偷盗

---

① 王安石《上仁宗皇帝言事书》(1058),引自《王安石全集》(上海,1999)第 7 页。

罪处以五马分尸。^①

显然,现实中很少有官员能够具有涵盖宇宙的美德。关于这种美德,公元493年一篇涉及科考选拔的文章是这样表述的:

> 上叶星象,下符川岳。必待天爵具修,人纪咸事,然后沿才受职,揆务分司。^②

---

① 张家山墓葬(247)出土的竹简书写的法律条文,引自《张家山二四七汉墓竹简》(北京,2001)第143页,65—66号。
② 王融《永明十一年策秀才文五首》(493),见萧统《文选》(531年编)卷三六。

秦始皇陵将军俑(陕西临潼,公元前 3 世纪)①

故兵者,国之大事,存亡之道,命在于将。②

---

① 图片来源：王仁波编《秦汉文化》(上海,2001)第 67 页。
② 假托吕望著《六韬》(成书于公元前 250 年)第三篇:《论将》第十九。

丙 寅

3. 从军立功

公元前 210 年驾崩的帝国统一者秦始皇帝的陵墓周围环绕着数不清的陪葬坑,迄今只有约 200 个被发掘。最引人注意的是 20 世纪 70 年代中期发现的三个兵马俑坑,它们位于陵墓东侧,在三个俑坑里发现了不计其数的真人大小的兵马俑和战车,总数至少在 7000 件以上。据估计,要完全修复这些兵马俑还需要好几十年,一方面是由于陵区的长期规划的原因,另一方面是因为修复工作极其复杂。这些兵马俑破坏严重,平均来算每个都碎成 60 到 70 块碎片了。在一号坑发现的这具俑(身高 190 厘米)手无兵器,唇留胡须,从帽子和服装来看是一位将军。他穿有双层皮甲和护裙,至少应是高阶将领。兵马俑的生产有很多道工序,头、躯干、臂、手、腿和脚分开制成,然后组装成整体,放入大约 1000℃ 高温的窑中烧制而成。之后刷上两层漆,一层底漆,一层带有鲜艳的颜色。通常有橙色(红铅)、红色(朱砂)、紫色(硅酸铜钡)、蓝色(石青)和绿色(孔雀石)。这些颜色在当时是被视为美丽还是辟邪之色,如今不得而知。无论如何,当初这些多彩华丽或是恐怖刺眼的彩色兵马俑非常壮观,而如今展出的这些兵马俑形象淳朴,个个相似,他们的颜色在出土时脱落了。

大部分陶俑曾经装备有制式兵器,这些兵器,如铭文所记,来自秦国兵器库,包括匕首、剑、长矛、狼牙棒和战斧。制造武器的材料绝大多数是青铜,铁制品简直是凤毛麟角。由此可见,和敌人相比,秦国在技术上并无明显优势。秦国人就是靠着这些兵器在帝国建立前为自己争取到了霸权地位。远程兵器也被大量使用,特别是强弓和硬弩,在接下来的几个世纪里基本毫无改变地一直装备着军队。

不清楚是哪一个契机使人们在 9 世纪发明了火药。毋庸置疑的是,这种硫黄、硝石和木炭的混合物很快就被装备到了军队中。首先仅仅是被用作喷火器的引燃物,从宋朝开始出现了炸弹、地雷、榴弹和火箭等武器。就像在一本 11 世纪中期的小册子上写到的,一种用抛石机发射的炸药包,拥有充满恐怖的"铁嘴火鸟"或"毒药烟球"的名字。

上述种种武器所具有的杀伤力并不完全取决于武器的起爆设备,更归功于炸药的配置,以致在爆炸过程中武器可以释放出威猛的效力。比如一种典型的配方如下所示:焰硝三十两、硫黄十五两、炭末五两、草乌头五两、巴豆五两、狼毒五两、桐油二两半、小油二两半、沥青二两半、砒霜二两、黄蜡一两、竹茹一两一分、麻茹一两一分。

射击武器的发明可以追溯到 12 世纪,当时出现了一种用药粉和射弹填充的竹管,被称为"喷火长矛",还出现了爆炸时震耳欲聋如雷公发作的铁炮。彼时的蒙古人想必肯定遭遇过这种保密技术制造出来的热武器。据后人推测,蒙古人以及阿拉伯人为中国火药术的推广起了不可磨灭的作用。以中国火药术为基础的知识在欧洲迅速发展,时隔不久,欧洲人制造的大炮水平远远赶超了远东的大炮榜样。因此,在 17 世纪,明朝以及随后的清朝宫廷尤其热衷于吸收西方受过全科教育的基督教徒在朝廷任职,原因在于他们可以带来世界上最新的武器制造知识以及弹道学知识。

从武生涯的职业前景往往比其他行业更难以预测,即便从现如今的角度出发,我们也很难想象戎马生涯中升迁必须具备的因素。譬如在一些时期,社会出身、身高长相、业务熟练与否是升迁的必然因素。而在另一些时期,譬如汉代,升迁与否取决于和皇族的姻亲关系以及和太监的亲密程度。在某些时期,个人能力和勇猛善战是升迁的必要条件,但是一个士兵的升迁往往是出于其父母所具有的社会地位或者其家族在朝廷中的朋党关系。割据一方的军阀往往驻扎于边远省份,对皇命置若罔闻,因此部队中所谓严格的等级制度常常也只是无稽之谈。有时候朝廷也会任命外国人居军队重要岗位,当然,并不是毫无保留。一般来说,如果雇佣军的数量多于民间强征而来的民夫,朝廷会任命外国人担任军事首领。

合理的军备装置以及长官的深谋远虑是影响部队制胜能力的决定因素,此外,部队严明的纪律也决定了每场战役的胜负。所以,部队的刑罚比民间任何的法律法规都要严厉。最严酷的当属宋代律法,大概90%的违反军法的行为都被处以极刑。不仅仅是被怀疑为叛徒和逃兵的人要被处死,以下一些情形也非死不可,比如射击不准、战前装病、战中丢马、归营迟到、兵器散乱、歇斯底里、酗酒闹事、行军不整等。"失旗鼓旌节者",不只是责任人会被处决,而是"全队斩"。[①] 可想而知,戎马生涯的士兵们平均寿命不会很高,即便是幸运地没有血洒沙场,也极有可能会被严酷的军法夺去性命。

---

① 曾公亮、丁度编《武经总要前集》(1044)卷一四。

汉景帝墓陪葬陶俑——两位太监(陕西正阳,公元前 2 世纪)^①

而诟莫大于宫刑。刑余之人,无所比数……夫中材之人,事关于宦竖,莫不伤气,
况忼慨之士乎!……仆以口语遇遭此祸,重为乡党戮笑,污辱先人,亦何面目复
上父母之丘墓乎?虽累百世,垢弥甚耳!……每念斯耻,汗未尝不发背沾衣也。
身直为闺阁之臣,宁得自引深藏于岩穴邪!^②

---

① 图片来源: Jutta Frings 编《西安——皇帝在彼岸的权力:中国古都的墓葬文物和寺庙宝藏》(美因兹,2006)
第 209 页。
② 司马迁(公元前 92 年去世)《报任安书》,引自班彪、班固、班昭《汉书》卷六二。

4. 受歧视而又胆小的太监

　　公元前 156 年汉景帝登基。四年后,景帝即刻着手建设宏伟的陵墓,公元前 141 年景帝薨逝,被安葬于此。自 20 世纪 80 年代以来,陕西省省会西安市的考古学家们系统地考察墓室构造。考古学家们至今仍未挖掘陵墓的内部,那里覆盖着一座 30 多米高的古墓,被巨型围墙围绕。然而,那些整齐摆放于山丘和陪葬墓冢之间的陪葬品,已经能让人隐约感受到巨大的权力和财富的光环。

　　景帝陪葬物中有八个陶俑,高约 58 厘米。与其他男人形象不同,这些裸体无手臂的陶俑阴茎残缺不全,阴囊和睾丸则完全没有,考古学家以此为有力佐证,认为这八个陶俑为太监形象。然而,当年掩埋的时候,太监肢体的残缺一定是不太明显的,纺织品的残存物和印记表明了当年这些陶俑身上穿有衣物。此外,陪葬物中发掘出太监掌管的青铜印章,印章表明太监属于宫廷服务人员,其职责在于对外隔绝皇帝私人生活和后宫宫闱生活,起到一个屏障的作用。

　　然而,类似屏风的作用只是太监服务工作的一部分,他们还兼任许多和皇家隐私相关的工作——从信差到间谍、从会议记录到奏折传递、从乐器演奏到医疗诊断;有时候皇子的教育工作也由一些文化程度比较高的太监负责。在某些朝代,太监权倾朝野,成功地编织了一张全面控制中央政治机关的网络。毕竟太监是皇帝的直接对话伙伴,有时候皇帝甚至有双性恋的倾向,因而"天子"和太监之间有可能会存在最亲近的私密关系。仅仅通过过滤和分拣相关信息,太监就可以很大程度上影响皇帝的某些重要决定。

以东汉时期的太监为例,公元 2 世纪,他们轮番把天子的父系亲属、皇后的外戚、嫔妃的家眷以及一些心怀鬼胎的官员勾结在一个大熔炉里,殚精竭虑,翻云覆雨,权倾朝野。

因共割裂城社,自相封赏。父子兄弟被蒙尊荣,素所亲厚布在州郡,或登九列,或据三司。不惟禄重位尊之责,而苟营私门,多蓄财货,缮修第舍,连里竟巷。①

一直到帝制结束,这种关于太监的弹劾都没有停止。以上的评价出自一个敌视太监群体的儒家辩士之口,这种评论并非毫无事实依据。尽管皇帝和太监的裙带关系被皇帝身边的团体所利用,但是权力的滥用却极少达到上述规模。

也许听起来很讽刺,但是在不少的例子里,人们发现男性再生产器官的缺席导致了失势男性在事业上和财富上的极大成功。因此,在某些时候,一些父母在生存不存在问题的时候,也会请人将自己的儿子阉割,以保障整个家族社会地位的提升。而他们被阉割的儿子只有出人头地、尽享荣华,才能证明其父母决定之英明。阉割不仅仅给男性带来了终生的身体残缺和心理畸变,而且由于身体上的残缺,他们也不能按照礼仪被安葬。符合礼仪的安葬方式即为毛发无损的躯体入土为安,而太监们能做的仅仅是保留他们被切除的生殖器,与其一起下葬,以此来掩饰他们终生的遗憾。

为了获得体面的下葬方式,往往在青春期来临之前,家人即开始策划男孩子入征太监的职位,在那时实施阉割手术才能保证生殖器的完整。因而,阉割手术往往是一项有预谋的外科手术,被切除的身体部位必须要被谨慎处理。而另外一种情况的阉割则是一种刑罚。一些被认为特别恶劣的犯罪行为要被处以宫刑(即阉割)。往往一些原本要处以死刑的罪犯被格外开恩免去死刑,退而施行宫刑。后一种情况下,被阉割的男性的亲属只有通过贿赂行刑的刽子手才能求得其生殖器的完整保留。而这种行刑则只能通过"切割"进行,而不是"砸碎"。在某些文字记载中,

---

① 范晔《后汉书》(440)卷七八。

"砸碎"的行刑方式也时有发生。

　　中国皇帝投入使用太监的一个理由是,具有男子气概的仆役会对深宫中的妇人造成名节上的威胁。太监们经常会和深宫中的妇人用色相打发时光,但重要的是,不会有不合法的孽障生出来。此外,使用太监的另一个重要动机在于,太监被剥夺了生育能力,使得一些在宫廷中常有的裙带关系不至于生根发芽永无止境。此种说法在汉代就已经深入人心。尽管在中国传统上儿子优先,不过其他的亲属也往往会受惠。太监们常常通过收养孩子的方式来世代流传其搜刮来的钱财。无视法律条文以及一些正襟危坐的儒官的尖刻弹劾,一些太监甚至获得了世袭的爵位。

李嵩《货郎图》（13 世纪）[1]

博卖冠梳领抹、头面衣着、动使铜铁器、衣箱、磁器之类。亦有扑上件物事者，谓
之"勘宅"。[2]

---

① 图片来源:《故宫人物画选萃》(台北,1984)第 19 页。
② 孟元老《东京梦华录》(1147)卷三。

5. 商人和货郎

这幅扇面高 25.8 厘米，宽 27.6 厘米，其上有轻微着色的水墨画，后被人收集到一个图片集中。它出自李松之手，李松曾是首都杭州朝廷官方学术机构中一位多才多艺的学者，于公元 1230 年去世，这幅扇面是李松在 1210 年的作品。作品上除了李松的签名，还落款有盐商的签章。艺术品收藏家安琪（1683—1744）在民间搜得此作品，并将其觐献给乾隆皇帝（1736—1795 年之间执政），如今这幅作品收藏于台北故宫博物院。

观察此扇面图画，可以发现有一位怀抱婴儿哺乳的妈妈，她身边还环绕着好几个孩子，对面站着一位兜售日用品的货郎。货郎随身带着满满当当的行李，行李上的标签标明，他随身的物件有 500 多件，比如食物、家用品以及其他杂七杂八的货物。货架上悬挂的一个广告牌宣称，这个长满络腮胡的男人除了卖货以外，还有"医治牛马疾病以及儿童疾病的医学经验"。

这种把货物送上门的货郎是当时商人阶层中地位最低的，而根据文学作品的记载，商人群体在中国古代也属于最低层的阶级。那些受儒家思想影响的精英分子认为商人的地位还不如农民或者手工业者，而商人的生活质量却达到了富裕的程度。为了贬低他们，历朝历代都有压制他们的政策：

天下已平，高祖乃令贾人不得衣丝乘车，重税租以困辱之。[1]

---

[1] 班彪、班固、班昭《汉书》（约 115）卷二四。

朝廷还会通过其他方式,比如没收商人的财产、国家垄断,来抑制这个被歧视阶层的野心。这种苛刻措施以及压制的理由在于,商人只是一群寄生虫,他们依靠其他社会阶层的劳动成果来获利。皇帝身边智囊团的生产力却毫不被质疑,他们作为统治阶级思想道德的维护者,把自己归为四个阶层的顶尖位置,这四个阶层分别为官员、农民、手工业者和商人。其实从本质上来说,官员仅仅是被天子及其家属所抬举的一个阶层。

各个阶层之间的界线是非常僵化和固化的,就好像是官方文件中所规定和引导的那样。在每一个时期都有过非常严格的限制政策,不允许商人通过主要的上升通道,达到更有社会影响力的社会阶层。相反的,官员们不仅仅给他们的男性家庭成员准备好优质的教育,而且在不同的生意领域进行投资。比较有代表性的是官员为了使其社会地位获得长期的保障而投资土地。尽管如此,文学家的保留项目永远都是对于商人的贬义的、充满嫉妒的评判。即便是元稹(779—831)这样一个朝廷重臣、唐朝的大诗人,也公开地表达了他对于商人的鞭挞:

> 估客无住著,有利身即行。出门求火伴,入户辞父兄。父兄相教示,求利莫求名。求名有所避,求利无不营。火伴相勒缚,卖假莫卖诚。交关少交假,交假本生轻。自兹相将去,誓死意不更。一解市头语,便无乡里情。鍮石打臂钏,糯米炊项璎。归来村中卖,敲作金玉声。村中田舍娘,贵贱不敢争。所费百钱本,已得十倍赢。颜色转光净,饮食亦甘馨。子本频蓄息,货贿日兼并。求珠驾沧海,采玉上荆衡。北买党项马,西擒吐蕃鹦。炎洲布火浣,蜀地锦织成。越婢脂肉滑,奚僮眉眼明。通算衣食费,不计远近程。经游天下遍,却到长安城。城中东西市,闻客次第迎。迎客兼说客,多财为势倾。①

最后两行给人一种印象,似乎朝廷中为官做宰的决策者都总是被无耻的商人所纠缠,这只是一种断章取义的印象。其实,还有一些时期,战争和饥荒使得朝廷非常迫切地靠近私人投资者。即便是这样的特殊时期,商人也很少被平等对待。

---

① 元稹《估客乐》(810),引自《元稹集》(北京,1982)卷一,第268—269页。

在表面上,社会各阶层似乎生活在不同的世界里,但是事实上,他们往往盘根错节,一荣俱荣,一损俱损。家族把他们汇总在一起,系统分工,一些亲戚成员在农业系统中工作,一些亲戚成员在商界工作,另外一些亲戚成员成功地进入仕途,使得家族经济上的繁荣昌盛得到了政治上的保障。到了宋朝,商人之间的联系也因为行业协会紧密多了,而行业协会的权力也与日俱增。行业协会拥有越来越紧密的网络,这些网络囊括了各地的代表处,这些代表处不仅仅给行会代表提供住宿,还可以作为行业管理机构存在。虽然这些组织在表面上看起来都有些随便松散,但是事实上他们通常听命于一个比较专制的领导小团体。宋朝的改革家、大臣王安石这样写道:

> 如茶一行,自来有十余户,若客人将茶到京,即先馈献设燕,乞为定价,此十余户所买茶更不敢取利,但得为定高价,即于下户倍取利以偿其费。[1]

在中国,有代表处的商人们有自己的组织机构,最好的例子就是唐朝的时候把控中亚贸易的外国人行会组织。虽然外国的产品在中国市场非常受欢迎,外国商人的汉化程度也越来越高,但他们还是这个社会中的局外人。在这个社会中外国人和商人是同样受到歧视的,不仅仅是被朝廷中的精英分子所歧视。

---

[1] 李焘《续资治通鉴长编》(1174)卷二三六。

镏金舞马衔杯银壶（陕西西安何家村，8 世纪）[1]

今差人于淮南收买，旋到旋造，星夜不辍；虽力营求，深忧不迨。[2]

---

① 图片来源：齐东方、申秦雁编《花舞大唐春——何家村遗宝精粹》（北京，2003）第 240 页。
② 刘昫《旧唐书》（945）卷一七四。

6. 手工业者——在个性创造和批量生产之间

　　1970 年，西安南郊何家村出土了一座藏有 1000 多件文物的窖藏，其中包括 270 件金银器皿。按照考古人员的最初推算，出土地为 8 世纪中叶唐邠王府遗址。公元 755 年，安禄山率领叛军攻打长安城，混乱之中，邠王李守礼的家人将这批宝物埋于地下。另有一种假说认为，这批宝物非邠王所藏，而是公元 783 年叛军再次入侵长安城时，唐朝的一位高官下令将其深埋地下，保留至今。

　　镏金舞马衔杯银壶高度为 14.8 厘米，其外形借鉴了北方游牧民族的皮囊壶。壶身两侧各锤击出一匹衔杯匍拜的马，此图案乃唐玄宗（712—756 在位）时期的典型母题，影射了玄宗时期宫廷表演的驯兽活动。每逢玄宗生辰，舞马会在宴会中衔着酒杯给皇帝祝寿。然而，根据银壶上以火镀金的敲打工艺，专家认为，银壶或许出自更早的年代。

　　早在汉代就已出现诸如锤揲、雕镂、焊接等金银器制作工艺，然而，金银器制作大放异彩的时期在唐代。其时，通过丝绸之路，金银器制作得到了来自西方的艺术灵感，所以种类繁多、造型别致、技艺精美，在美学和工艺制作水准方面堪称空前绝后。

　　以工匠为例，唐朝的工匠作坊分为官营和私营，官营作坊分工相比私营作坊细致许多。在官营作坊，"钿镂之工"需要学徒四年，学习时间远长于其他行业的工匠。唐朝的乐师学徒期一般为三年，兵器匠学徒期为两年，而帽匠学徒期仅需九个月。除此之外，官营作坊的学徒必须每三个月参加一次行业考试。

如今，我们可以通过出土的金银器皿上的铭文确认工匠的名字，由此体验到唐代官营作坊严格的管理制度。例如在一件出自公元872年的相对低调不奢华的银壶的底部，刻有负责制作银壶的工匠的名字、负责质量检查的官吏的名字、作坊管理官吏的名字以及作坊总管的名字。通过这样的方式，至少后人可以知晓制造者之名。除了金匠、银匠，以及某些漆匠、墨匠、陶匠以外，其他的手工行业基本都采用匿名制作方式。

私人作坊一度也热衷于在金器上留下工匠的姓名。这种做法可以彰显工匠的独特工艺，起到宣传产品的效果，同时更加便于监督管理金器的制作质量。假如不满意的顾客将作坊告上法庭，金器上的名字可以成为刑事责任与补偿赔款的证据。

在某些时候，我们可以根据文物上的铭文或者文物所附的牌子断定文物所来源的朝代。在这些朝代里，工艺品制作技艺在一个家庭内部代代相传，有时甚至超过十代，工艺品产销一体。根据宋代文献中的市景描写，工艺品商铺往往集中在繁华的商业街区。商铺除了销售工艺品，还兼营金锭、银锭、贵金属熔炼、金银货鉴定、货币兑换、信用担保等业务。

据历史学家考查，宋代之前各行业已有协会雏形，而宋代以后，行会才正式产生。行会与官方密切协调，负责建立一个严密的工匠管理组织。由于篇幅关系，这里不能一一列举行会中的各行各业，单单根据一篇13世纪关于杭州市的文章 [1] 来看，当时除了金、银匠协会以外，还有以下一些行业组织：磨工、梳匠、腰带工、纸匠、煮胶工、杵油匠、木匠、砖匠、瓦匠、石匠、竹匠、漆匠、铰链工、桶匠和裁缝。

行业协会对外代表本行业的利益，对内他们可以干涉工作时间、工钱、销量与价格。行业协会组织头目对待行业中的普通成员堪称专制，然而另一方面，行业协会在当时也是具有社会福利性质的组织，尤其对于手工业者法律保障、养老保障、医疗保障以及信用担保方面发挥了极大的作用。

由于工艺品的受众面不仅仅局限于私人订制，还可以批量生产，所以具体到每

---

[1]　吴自牧《梦粱录》（1274）卷一三。

一单个行业,其内部结构都不尽相同。手工业者的行会的划分和商人联合协会相比,也并不那么细致和严格。某一个行会的名称不仅仅可以作为某个行业协会的称号,同样也可以作为个体作坊、地方协会以及一切纳税企业的称号。

在中国,工艺品分工合作制作的悠久传统,可以从古代兵器、漆器以及纺织品上略见一斑。比较典型的例子是秦始皇陵出土的7000多件真人身高俑塑。俑身刻有工匠和作坊的名字,而兵俑的各个身体部位以及全身彩塑则是不同工匠的集体智慧结晶。

无彩绘陶俑造型——农民(四川新津, 2 世纪)[1]

故富者(地主)席余而日织, 贫者(农民)蹑短而岁踬······犹不赡于衣食······岁小不登······嫁妻卖子。[2]

---

[1] 图片来源: Roger Goepper《古老的中国——中国的人民和神仙》(慕尼黑, 1995)第 429 页。

[2] 崔寔《政论》(150)卷一。

7. 地主、农民和佃户

在墓葬中,用陶俑随葬来说明当地的风俗习惯,在汉朝晚期特别常见。总体来说,这种陶俑属于大地主的随葬品。陶俑明显的乡下式样所呈现的田园风格,体现出死者生前的生活作风,受儒家思想的深刻影响,实用而简朴。即使这些随葬品如此细致地向我们展示了墓主人的生活,也无法完全反映当时的真实情况。因为在历史上几乎没有哪个时期对农民和佃户的奴役比公元1—2世纪的情况更糟糕了。

此陶俑极有可能是通过模型制作出来的,其高83厘米。1957年从成都西部一个被盗的墓室中出土,看起来像是地主家的护院。这个说法没有最终定性,因为这个赤脚男子身上有两处决定性的特征。一处是右手所持铁锹,另一处是腰带上挂着带护手的剑。在那时朝廷中枢权力的影响消失殆尽,社会动荡不安,战乱频繁。大地主集中精力完成的主要任务,一是尽快恢复受动荡影响的农业生产,二是加强武备。不光是要防备官军和溃兵的侵扰,也要防备乡邻之间的争斗。

根据一年的气节变化,农民方方面面的义务安排详尽。农业专家和汉朝的农历在这方面提供了丰富的启发性建议。比如公元2世纪出现的《四民月令》中提到:"随节早晚,勿失其适。"[①]这种指令不仅仅涉及土地作业、牲畜饲养,还包括了食物的入库,以及晾干、腌渍、烟熏等食物保存手法。《四民月令》的内容还涉及粮食酒以及水果酒等酒精类饮料的酿制、衣物和生活用品的生产,比如妇女如何加工丝

---

① 崔寔《四民月令》(160)卷二。

绸。该书还涉及从艾蒿植物中提取艾绒等研制药材的方法,在雨季之前搜集燃料、买卖各种种子或者纺织品,在集体中分发食物给有需要的成员,参加诸如春节或者立冬时节的固定的祭祀活动,等等。当然,是不是大多数农民都遵守《四民月令》的规定,今天的我们不得而知。反之,如果完全遵循此书中的工作规律,这些规定也只能是在一个拥有许多杂役的大庄园中才能实现。《四民月令》中所提到的植物种类之丰富,也同样只能在大庄园中实现。

公元 160 年出版的《四民月令》中所提到的植物种类选摘

圆形黍米	Panicum miliaceum
粟米	Setaria italica
高粱	Sorghum vulgare
大麦	Hordeum vulgare
大米	Oryza sativa
菜豆	Phaseolus vulgaris
赤豆	Vigna angularis
蚕豆	Vicia faba
大豆	Glycine max
甜瓜	Cucumis melo
葫芦	Lagenaria siceraria
亚麻	Cannabis sativa
芝麻	Sesamum indicum
油菜	Brassica rapa
大葱	Allium fistulosum
韭葱	Allium porrum
大蒜	Allium sativum
水蓼	Polygonum hydropiper
紫苏	Perilla frutescens
苜蓿	Medicago sativa
生姜	Zingiber officinale
芥菜	Brassica juncea

芋头	Colocasia esculenta
锦葵	Malva verticillata
苍耳	Xanthium strumarium
杏	Prunus armeniaca
桃	Prunus persica
李	Prunus salicina
枣	Ziziphus jujuba
苦橙	Poncirus trifoliata
漆树	Rhus verniciflua
桑树	Morus alba
油桐	Aleurites fordii

在牲畜饲养方面,《四民月令》仅仅提及了猪、牛、马、狗、羊和鸡。其他的动物比如山羊、鹅和鸭子尽管在一些墓葬群和一些文字记载中有证明,在这里并没有提到。

面对如此花样繁多的种植和饲养领域,绝大多数老百姓只能是羡慕而已。汉朝末年,贫富差距非常悬殊,大地主等上层阶层财富上升得非常快,普通农民往往承担了最重的赋税而在生存边缘挣扎。如果粮食歉收,他们就被迫借大地主的高利贷,而大地主阶层和官员以及商人勾结在一起,乐于和农民形成借贷关系,目的只有一个:将这些不能偿还债务的农民的土地据为己有。

在中国历史上,这种财富集中的循环周而复始,所以中国历史上常常会出现农民运动,这一点儿也不让人吃惊。根据公元 2 世纪的官方记载,平均每四年就会爆发一次农民起义。事实上这个频率可能更高。一些文人志士为消除农村贫困提出过诸多建议,但是国家的力量过于薄弱,或者国家没有意志力,并没有贯彻持之以恒的改革措施。苏洵如此感慨公元 11 世纪中期的状况:"贫民耕而不免于饥,富民坐而饱以嬉。"[1]

---

① 苏洵《嘉祐集》（1055）卷五。

鎏金女佣形青铜灯（河北满城，公元前 2 世纪）[1]

官人择官婢年八岁以上，侍皇后以下，年三十五出嫁。[2]

---

[1] 图片来源：杨晓能编《中国考古学的黄金时代——中华人民共和国辉煌考古成就》（纽黑文，1999），第 409 页。

[2] 卫宏《汉旧仪》（1 世纪上半叶）卷二。

8. 佣人和奴隶

　　1968 年, 考古学家在一个山头上发掘了公元前 113 年去世的汉武帝之弟刘胜的墓葬, 几个星期之后, 在同一个山头上, 发掘出另外一座更加庞大的岩石构造的墓葬群, 墓葬群长达 40 米, 高达 7.9 米, 含两翼总宽度为 64 米。据该墓葬群所发掘出的一枚印章, 考古学家断定这座墓葬的主人为刘胜的妻子窦绾夫人。窦绾夫人出身皇族, 其显赫身份可以从她那由 2160 块玉石所缝制成的寿衣略见一斑。在数量众多的价值连城的殉葬品中, 一件镏金青铜灯吸引了考古学家的目光。这座青铜灯高 48 厘米, 其外形乃一位跪坐的女佣, 她的左手支撑着这盏青铜灯的外壳, 右手则充当了排烟道的作用。九段铭文包括 65 个文字, 说明了青铜灯的重量、用料、人物姓名、人物头衔以及年代。考古学家以此推断, 青铜灯本为汉景帝 (公元前 156—前 141 在位) 御妹的家居用品, 后被转送给其异母兄弟刘胜的妻子窦绾夫人。

　　尽管在宫廷充当杂役要受到各种规矩管束, 但是隶属于国家的所有奴隶中, 宫廷中的差事是最轻松的了。除了在宫廷中服役以外, 奴才们还被派遣到属于宫廷的养马场、园林以及其他部门工作。公元前 1 世纪的一份官员上书中提到,"诸官奴婢十万余人"[1], 这并不是一个正式的人口学和经济学统计数字。

　　女性一般从事诸如侍女、嬷嬷、乐师、舞女等工作, 男性一般从事养马、野外放牧、驯兽、贴身奴仆、小丑、艺人、信使以及官府杂役等工作。这些活儿倒不需要费

---

[1]　班彪、班固、班昭《汉书》(约 115) 卷七二。

多少力气，所以在许多文学作品中下人们被斥责为傲慢懒散的形象，这并不是文学家无中生有。

　　国有的矿山和作坊里使用的奴役首选是戴罪之人，建造街道和修建运河使用的劳役则为民间强征的男性劳动力。比起宫廷中的仆役，高官、地主以及商人家的奴隶日子就不那么好过了。在庭院伺候的家奴和歌舞奏乐所用的奴隶虽说也占很大的数量，但是，也有相当一部分要在主人所开的矿山或者企业中辛苦劳作，还有一部分要在主人的民兵组织里舞枪弄棒。变身为奴有很多种原因，其中一条就是被官府宣判为奴，一些情形比较严重的犯罪不仅仅肇事者本人被处罚，他身边所有的亲戚朋友也要被连累。犯罪者被处以极刑，其身边的家人被剥夺人身自由，变成隶属于国家的财产。即便是出身上流，如果家族有变故，那么其家庭成员也不可能从社会地位突然降落这一命运中逃脱。

　　奴隶的来源还有附属国觐献给皇帝的贡品以及边远山区、陌生国度带给中央朝廷的礼品。某些时候这些礼品中包括深肤色的男性和女性，这会产生轰动一时的效果。战俘也是奴隶中的一种，他们所占数量比较少。在经济危机时期，长时间的饥荒会使得一些陷入绝境的家庭把家中所有人口卖光。甚至在有些时候，如果卖身契文中写明后人也被卖掉的话，奴隶和其后代都会被作为主人的专属物品来看待，而这并不意味着主人可以为所欲为。如果主人苛待奴隶以至于奴隶含冤而死，尽管由于死者的身份低贱，对于主人的刑罚会从轻处置，然而完全逃脱刑罚责任也是不可能的。

　　如今，我们很难完全了解下人有何种途径重获自由。如在公元 110 年，汉朝皇帝曾经颁布诏书："乙亥，诏自建初以来，诸妖言它过坐徙边者，各归本郡；其没入官为奴婢者，免为庶人。"[①] 在许多历史文献中可以查阅到奴隶获取自由身的途径，但是其中所提到的赎金数额非常高昂，所以一般来说没有多少实施的可能性。而下人由于生病和年老体弱，在未来不能保障的情况下，主人则会立刻处理掉他们。也

---

① 　范晔《后汉书》（约 440）卷五。

并不是说每个主人都是虐待狂,在一些情形下,他们和朝夕相处的下人培养出了深厚的感情,他们会想方设法为下人铺平恢复自由的道路。

在某些情况下,一些下人获得了自由,由此走上了飞黄腾达的道路。一些史学家曾在著作中有所根据地讲述曾经的下人如何为官为宰风靡一时。涉及女性下人,貌似不仅仅聪明的头脑很重要,其妩媚的姿容和勾人的魅力也是飞黄腾达的重要因素。一些头脑聪明、姿色出众的丫鬟非常有可能会进入男主人侍妾的行列,偶尔还会攀附到更高的社会阶层。不过从历史记载来看,皇帝很少把曾经的下人纳为嫔妃。一般来说,女性必须臣服于高高在上的男性的性需求,因此如果身居高位的女性和他们的男性下人产生了不苟之事,是一定要遭人唾弃的。在唐朝,女主人和下人如果发生了性行为,则会和同性恋一样,被处以严刑。

诸奴奸良人者,徒二年半……其部曲及奴和奸主,及奸主之期亲若期亲之妻,部曲及奴合绞,妇女减一等。强者,斩。①

---

① 长孙无忌编《唐律疏议》(约653年颁布实施)第四一四条。

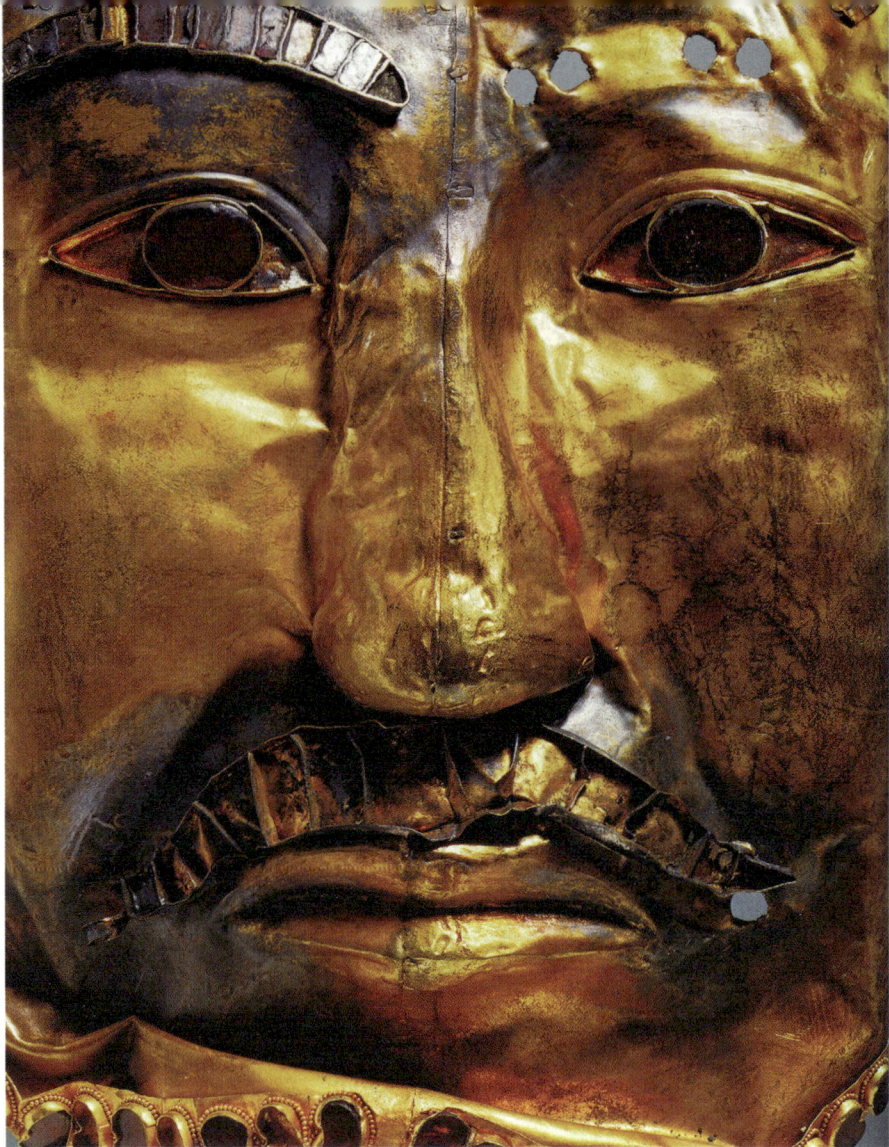

镶红宝石金面具（新疆波马，6世纪）[1]

（夷狄）以其言语不通，贽币不同，法俗诡异，种类乖殊。[2]

---

[1] 图片来源：中国历史博物馆、新疆维吾尔自治区文物局《天山古道东西风——新疆丝绸之路文物特辑》（北京，2002）第54页。
[2] 房玄龄《晋书》卷五六。

壬 申

9. 中国人眼中的外国人

波马（伊利昭苏县）位于中国西北边陲天山之中。1976 年，一座离中国、哈萨克斯坦边界只有几公里之遥的墓穴被考古学家发现，墓穴中出土了 70 余件陪葬品，其中包括武器、纺织物、陶瓷器皿以及金银物件。但紧接着这里就被盗墓者洗劫一空，以至于那些出土物至今无法被世人所见识。当年，那些宝物中曾经有一个高约 17 厘米、宽约 16.5 厘米的黄金面具，眼睛、眉毛和胡须部位都镶嵌着红宝石，这个黄金面具目前已经被考古学家还原，其容貌刻画了一个迥异于中国男子的形象。

这面具代表了什么时代的何方人物，至今还没有令人信服的证据。比照墓葬中的其他出土文物，也难以找到有力的佐证，因此这具面具的产生年代在专家们中形成了较大的争议。大部分专家认为面具出自公元 6 世纪前半叶，而一些当地的专家则认为面具出自更晚的时代。从种族学和历史学因素来考察，当地专家的说法并没有说服力，但是当地专家具有比较大的政治影响力。突厥语言民族中的维吾尔族和哈萨克族不少人在新疆政界担当决策者的角色，他们很乐于认为这是一个土耳其首领的墓葬，以证明自己民族的身份认同，因为从古到今，土耳其民族的史料和文物并不是很多。而北京的中央政府也倾向于将考古数据用作服务于意识形态的工具。在多民族的中国，身份认同是一个非常重要的诉求。

很久以前，流传着这样一个故事，这个故事渐渐为人们信以为真：一位好脾气的甚至有点儿心不在焉的救世主早在远古时期就把文明踪迹带到中原。从那时起文明就蔓延传播开来，像一个巨大的朝着各个方向扩散的油墨污渍，至今仍不断地在给未涉及的地方慢慢染色。在这个故事之中，人们自说自话地假定了种族和文化的一体性，而所有的编年史也都无一例外地把同化作为强调重点。然而，在现实中，汉族的同一性却从来没有持续长久地出现。在国家内部和外部陌生习俗的碰撞中，多元的物质和精神文明日益发展，汉民族也从这种碰撞中受益许多。

在历史上，中国人划分了居住在中国文明范围边缘或外部的人的等级模式。古代学者认为中原大地被不同的"蛮夷部落"所包围。以中原为半径向外划分，当时的学者们划分了"生番"（未开化的蛮夷）和"熟番"（已开化的蛮夷），临近中原的地域是汉化程度比较高的，被归为"熟番"。之后又出现了"归化生番"（半开化的蛮夷），这个"完全不中式"的名词让人联想起牛排的准备过程：全生——三分熟——全熟。

中国人这种夜郎自大的心态缺乏现实依据，所以才有长城的出现。长城是一座防御式的建筑，公元16世纪才形成今天连绵不断的样子，这种防御态度表明了中原对于北方游牧民族的一种畏惧心理，这种畏惧并非空穴来风。这些部落中的几个不仅仅会危及北方，有时甚至会影响到整个中国。与之相反，南方被认为是几近"自然的"扩张地带，中原人可以安心地把那边的住民驱逐到荒凉地带。

对待那些住在边境区域的人民的政策之一，就是任命或者承认当地首领的权力。首领承诺缴纳税贡，而朝廷授予他们中国的官衔和头衔，把他们并入至少是名义上的帝国阶级制度里去。只要他们承认皇帝的统治权，他们就能在领地里自治一切事务。这样就形成了军事和文化的缓冲带，可以使汉族免于侵袭，还能保护边境人民。通过一种连锁反应，汉民族可以让那些"蛮夷部落"陷入中国文明的魔力中去，政府不必动一根手指头。对待蛮族，中国人一向的态度是实用主义，必要的时候也会采取让步妥协制度。特别是当中央在军事和政治上陷入窘境的阶段，这种慷慨也是种必要的战略手段。

　　赐之盛服车乘以坏其目；赐之盛食珍味以坏其口；赐之音乐妇人以坏其耳。[①]

---

① 颜师古《汉书注》（641）卷四八。

和西方相比,中国人对于外族,不管是境内的外族还是境外的外族,在这种传统的基本态度中,种族歧视的倾向要少许多。尽管有一些歧视,但是从原则上来说,每个人都可以通过适应汉人的行为准则而变成汉人。直到 19 世纪末 20 世纪初,受到西方思潮影响,中国的人口居民才被分成不同的"种族"。

壁画上的男人、女人和小孩（甘肃敦煌莫高窟第 45 窟，8 世纪）[①]

夫风化者，自上而行于下者也，自先而施于后者也。是以父不慈则子不孝，兄不友则弟不恭，夫不义则妇不顺矣。……治家之宽猛，亦犹国焉。[②]

---

① 图片来源：李健《丝路的荣光——中国古代艺术》（代顿，2003）第 206 页。
② 颜之推《颜氏家训》（589）卷五。

10. 家庭——宇宙秩序的缩影

甘肃敦煌莫高窟第45窟的南墙上，画着一位妇女带着个女孩，一个男人带着个男孩的壁画。随附的题词内容也以当时的子嗣愿望为主题。在"家庭计划"中至少要考虑到一个女儿，这也要归功于壁画上的佛教内容。除了其他影像学上的考虑，人物的服饰也是一个确认画作年代的重要线索。

虽然壁画描述的是未来的愿景，但这种关于一个基本家庭的描述绝不会表现得过度谨慎。因为对大多数人来说，只由父母和未成婚的孩子们组成的家庭是绝对符合标准的，当然水平或垂直方向上单个的亲戚扩展也是有可能的（比如祖父母或孙子孙女，兄弟姐妹或姻亲）。通常情况下，住在同一屋檐下的人不会超过六七个。

与之相反，上流社会的情况则完全不同。他们通常是由好几代人构成一个全面的大家族。虽然一个男人只有一个正妻，但除此之外，他还可以纳任意数量的小妾，只要他能负担得起费用。一个重视身份地位的丈夫如果不愿损害他的威望，那他就没有其他选择。

在宫廷中嫔妃们和大臣们一样，也有自己的等级制度，最终也有晋升的机会。在嫔妃等级之上的是皇帝的正妻，之下的是不计其数的女婢。如果有必要，婢子们很可能还要履行和皇帝共睡一床的义务。然而定期地得到"恩典"，以此晋升，这种方式在概率上说可能性并不是特别大。大多数来自更高等级的嫔妃之间已经存在巨大竞争，她们追求通过生出儿子来提高利益。因为除此之外，她们没有法律保障,这是少数能巩固社会和经济地位,加强原生家族影响的可能性之一。

为了不危及自己的地位,妻子通常会严格执行流传下来的符合等级制度的规则。在大家庭中,妻子和丈夫的交流并不是很密切,甚至在一些情况下处于瘫痪状态,但是妻子必须尊重丈夫。除了丈夫外,妻子首先还得尊重一个人——婆婆,她在少数高级家庭里会表现得特别专制,而且要求家庭成员"绝对的服从"[1]。在日常生活中和公公的关系反而不是十分重要,除非他偏爱这位少妇,而这种偏爱则往往会将年轻媳妇置于一种毫无出路的处境。从丈夫那儿妻子只能得到微弱的支持。公元2世纪的某一本权威著作就描述了中国大家庭的状况,这本书与其说是描述现实状况,不如说更偏向于叙写儒家理念。即便如此,它至少也部分介绍了大家族内的权力等级结构。

> 子甚宜其妻,父母不说,出;子不宜其妻,父母曰:"是善事我。"子行夫妇之礼焉,没身不衰。[2]

从外部来看,男性是一个家庭的首脑。他必须留意一切法律事务,一旦有必要,还要被国家追究其责任。在家里,他负责维护他所理解的符合仁义道德的规则,有时甚至会动用武力。但在家庭内部斗争中不能小看女人的地位,尤其是当她已经生了许多儿子的时候。孩子们的地位通常也绝不会一样。这就凸显了中国表示亲属的称谓,哥哥和弟弟的区别与姐姐妹妹的区别一样明显。共同财产大部分是由儿子们来继承的。女儿们虽然也会被考虑到,但她们的份额主要是以嫁妆形式得到的。为此需要费巨大的功夫。遗产分配在中国一直备受关注,更多的财产在数代之后就消失了。

如果没有直系男性后裔的话,就无法继续进行祭祀事宜。这时候领养是特别常见的方法,领养的后代往往会优先从亲近的宗亲中遴选。宗族对于特定礼仪的执行有重大意义,他们是同一祖先的父系支脉,包括有血统关系的以及被领养的后裔。然而这种成网状的祭祀共同体直到宋朝才完全发展起来,除了共同祭祀以外,

---

[1] 班昭(卒于120年)《女诫》,转引自范晔《后汉书》卷八四。
[2] 戴圣《礼记·内则》(相传成书于公元前1世纪,事实上大约公元2世纪成书)。

他们还负责详细的家谱制作。皇历和宗教仪式也围绕着祭祀仪式精益求精、逐年完善。这种有条不紊的祭祀活动以及皇历制作过程一方面起到加强家族凝聚力的作用，另一方面贯彻了一种世界观，即按照性别、辈分和年龄区分的亲属团体会被当作是整个宇宙秩序的写照。

在某些特定的情况下，这种以家庭为单位的宗亲血脉是关系网构成的基础。他们彼此承担责任和义务。以血脉宗亲为依据，人和人之间形成了一张关系网，这张网一方面可以在危难时提供社会保障，而另一方面也为各种形式的裙带关系提供了合理依据。

公主的项链（陕西西安李静训墓，7 世纪）[1]

籍其家，财货山积，珍奇宝物，侔于御府。[2]

---

① 图片来源：James C.Y.Watt 等编写《中国，一个黄金时代的没落（公元 200—750 ）》（纽约，2004 ）第 295 页。
② 刘昫等《旧唐书》（945 年编）卷一八三中关于 713 年被迫自杀的太平公主的描述。

甲 戌

11. 女性的梦想

于公元 608 年去世的年仅九岁的李静训,是建立隋朝,并重新统一中国的隋文帝(581—601 在位)的重外孙女。她被用石棺安葬在长安城外,伴随她的有 235 件贵重的随葬品,有墓志铭证实了她的身份。在这位小公主的颈部位置发现了一条金项链,长 43 厘米,镶嵌着珍珠和宝石,如青金石和玛瑙。对于项链的产地众说纷纭。从外表看起来不像是中国金匠的手艺,倒是有些希腊、萨珊和佛教风格。项链的配件明显来自全世界各地,由此可以想到,项链相当有可能是一个多种文化汇集之地的产品,比如中亚地区。

这些奢侈的随葬品显示了皇族的女性无比奢华的生活。但她们过得不一定幸福,她们有许多几乎无法实现的人生需求,缺乏足够的关注,而且宫苑中寂寞孤独的生活常带给她们不寻常的悲剧人生。历史书中往往用公式化的语言如"放纵的生活"笼统描述她们所过的日子,而缺少对人物个体的具体描绘,比如某些记载中流传的公主出轨行为是完全可信的。皇室的傲慢和难以预测性,使公主找一个如意郎君变得无比困难。某些没有觅得如意郎君的公主只好出家皈依佛教了。对公主来说,相比被迫嫁个陌生人,这个出路还算是好的。而和亲是一个对外政治的重要选择,皇帝经常会采用这种方法来软化一个强有力的敌手。

与公主联姻会使权力受限,但成为皇后或是嫔妃则明显是扩大权力的良机。在通往权力顶点的路上没有哪一个女人走得像武则天(624—705)这么登峰造极。她最初在太宗(626—649 在位)时入宫为才人,太宗死后又被高宗(649—

683 在位）拔擢为昭仪，655 年她成为皇后。后来她不再满足于居于幕后操纵权力，终于在 690 年走向前台，成为中国历史上唯一的女皇帝，建立了在正史上被隐去的周朝。

作为篡位者，武则天被史家深恶痛绝。到了 20 世纪，有些人为她作了一些翻案。然而这些充斥着女权主义思想的传记和那些男权思想主导的历史传记一样，都很少能对这位女皇帝做出正确评价。武则天崇拜佛门，有大量狂热佛家信徒陪伴左右，这绝非没有政治上的考虑。比如她在攫取权力前被作为菩萨赞美，在清除反对者集团时她的表现残酷无情，而改革科举考试制度则显现出了她的远见卓识，从而保证了优秀人才制度的建立。

公元 705 年武则天去世，唐朝得以延续，尽管她的女儿和儿媳都曾尝试夺权，但都没有取得如她一般的成功。绝大部分女人从来不敢梦想有一天能够超出家庭琐事，亲身决定国家大事。家长式作风深深植根于整个国家，妇女的独立自主思想被社会教条和宗教信仰紧紧束缚。即便是佛教和道教，相对儒家教条来说，他们对个人自我实现的限制是比较宽松的，在女性自由地位这个问题上，他们也认同如下原则：

妇主中馈，惟事酒食衣服之礼耳，国不可使预政，家不可使干蛊。①

这种"干预"偶尔有可能成为女性遭到夫君抛弃的理由。至少在唐律列出的"恶行"中，多言和无子、淫、不事舅姑、偷窃、嫉妒、恶疾等并列为七出之条。如有干犯，丈夫有权休妻。反之如丈夫犯了类似错误，妻子却不能休夫。基本上可以断定，以上对妇女的歧视性政策几乎会在每次发生争执时被引用，而只有出身特权阶层的妇女才有可能在因性别而遭受不公正待遇时得到保全。保护生命安全和身体完整的法律从来没有男女平等过。即便有传宗接代和种族延续的需求，还是不断有新生女婴被杀害，不仅是底层人民由于贫困和饥饿才这样做。在编写于公元 589年的《颜氏家训》中有如下记载：

---

① 颜之推《颜氏家训》（589 年编）卷五。

吾有疏亲，家饶妓媵，诞育将及，便遣阍竖守之，体有不安，窥窗倚户，若生女者，辄持将去，母随号泣，使人不忍闻也。[1]

---

[1] 颜之推《颜氏家训》（589 年编）卷五。

彩绘贴金文官(陕西礼泉郑仁泰墓,7世纪)[1]

我今幸得见头白,禄俸不薄官不卑。眼前有酒心无苦,只合欢娱不合悲。[2]

---

[1] 图片来源:中国历史博物馆《华夏之路》(北京,1997)第三卷,第45页。
[2] 白居易《对镜吟》(830),转引自《白香山集》第八卷(上海,1934),第26页。

乙亥

12. 男性的忧虑

　　1972 年发掘的郑仁泰墓中，发现了大量作为随葬品下葬的官员俑。郑仁泰是公元 663 年下葬的将领。在随葬的官员俑中，一尊 69 厘米高的留着胡子的男人形象通身英气逼人，令人肃然起敬。从其官帽和着装可以看出他是一名高级官员。相比之下，该墓中出土的其他陶俑可能大多为流水线出品的系列产品，而这名官员则明显是特别制作的，其身上的彩绘也更加精细。

　　特别精致的是对上半身着装以及头部的刻画。该俑头发全黑，眉毛和胡须显得略微有点稀疏和灰白。这并非是由于工匠描绘时的失误或者后来掉色，因为与之相配的另一尊武官俑的胡须明显更黑更浓密。黑色浓密的毛发大多是性能力、执行力和成功的象征。

　　尽管男人的发型常常被官帽和头盔遮盖住，但其实和女人一样，都紧跟流行趋势。在多个朝代，长期以来男子都留长发。特殊的则是辫子，它是 12 世纪汉人遭到金人侵略的标志。后来在 17 世纪，由于民间反抗激烈，满族政权采用死刑的威胁强行推广了这种发型。而在西方，由于对这些历史的不了解，辫子被看成典型的中国特色发型。

　　不同发式的名称随着时代更替而改变，各个样式有自己的名称，各个流派也有不同的文字或者图像传承。特别是后来在戏剧中各种发型别具一格，引人注目。与之相呼应，在一些文艺作品中描绘了多种胡须类型，分别代表不同的社会与戏剧角色。比如英雄的胡子一般是黑色的,偶尔也会有灰色和白色;相对的红色胡子往往代表外国人、小偷和鬼怪。简言之,黑胡子是好人,红胡子是坏蛋,在相术中也有反映:

> 髭须黑而清秀者,贵而富。滋润者发福,干燥者寒滞,颈直者性刚不住财,柔者性柔,赤者孤克。又曰:卷发赤须贫困路途,黑而光泽富贵无亏。[①]

以上说法不乏偏见,有些简直就是阴险地把文化上的歧视和生理特征嫁接在一起。比如"孤独和痛苦"以及"贫困潦倒的一生"被故意分派给"红胡子的野蛮人",这多指沙漠中的绿洲居民和游牧民族,即在华夏文明影响边缘生活的族群。

中医理论通过经脉里的血气来解释胡须的生长。在大约公元前 1 世纪成书的一本中医基础理论中认为女子和太监没有胡须是因为缺少血。对于不同类型的胡须有以下解释:

> 足阳明之上,血气盛则髯美长,血少气多则髯短,故气少血多则髯少,血气皆少则无髯。……足少阳之上,气血盛则通髯美长,血多气少则通髯美短。血少气多则少髯,血气皆少则无须。……手阳明之上,血气盛则髭美,血少气多则髭恶,血气皆少则无髭。[②]

中医通过气与血的理论解释了胡须生长的类型,但是对胡子的颜色并没有加以评论,一般来说是黑色。可有时候会混入一两根灰色或白色胡子,这时古代的中国人会有如下三种反应:第一种会沉浸于悲痛之中,在理智控制下,写下充满感情的诗句;第二种会去药房,那里有数不清的药物,据说可以使胡须重新变黑,可惜这些药里多半含有铅和锌,对身体殊无益处;还有第三种可能,充满自信地接受,往往如同前者一样,写下一首诗来感慨:

---

① 陈抟《神相全编》(10 世纪著,后重编)卷三。
② 《黄帝内经·灵枢》(作者不详,约成书于公元前 1 世纪)卷六四。

昔见白髭惊,今见白髭喜。人将拔去之,我独不然耳。拔之既更生,留之何所耻。

白日傥日拔,日拔讵能已。黑壮不为贵,白衰不为鄙。道德保于中,任从髭发齿。[①]

---

①　梅尧臣《八月七日始见白髭一茎》(约 1049),转引自《宛陵先生集》(上海,1929)第 35/12b 页。

卧室场景（甘肃敦煌莫高窟第 85 窟壁画，9 世纪）①

若有众生多于淫欲，常念恭敬观世音菩萨，便得离欲。②

---

① 图片来源：谭蝉雪《敦煌石窟全集·民俗画卷》（香港，1999 年）第 55 页。
② 壁画铭文。

13. 严守礼节与感官享受

莫高窟壁画表现日常生活的场景中,有一些刻画了对性生活的渴望。有一幅画上显示一对夫妇穿着整齐,坐在床上,但并没有紧紧拥抱在一起。图画右侧的文字点明了画的主题。从密宗教义来看,佛教对性爱的基本态度是禁欲,很少像假道学,也不是像某些儒家道学先生规定的两性关系那样,完全迷失方向。看看下面这些规范,这是 2 世纪的道学先生制定的,简直就是扭曲的、完全脱离现实世界的:

> 非祭非丧,不相授器。其相授,则女受以篚,其无篚,则皆坐奠之而后取之。外内不共井,不共湢浴,不通寝席……夫妇之礼,唯及七十,同藏无间。[①]

令人惊讶的是,在这样保守的背景下,中国居然还能成为世界人口第一大国。即便是假道学,表面上也得让人看出,自己的生活是完全按照儒家礼仪规划的。如果他们完全照着规矩来做,如何才能生出儿子,来传承父系家族和维持祖先崇拜?

与之相反,道教则以过分强调房中术而闻名。但不同流派各有秘术,也不都能把标准的房中秘术完整地传授给后人。因此回顾历史,各个流派之间的分界线其实很不明显,也没有哪个流派可以单独建立起以"阴"(黑暗,寒冷,女性)"阳"(明亮,温暖,男性)学说阐述两性关系为主要内容的思想纲领。

由于受思想上的限制和出于长生不老的考虑,同房的次数会被严格控制。此外,在很长一段时期,人们认为,更容易得到男性后代的关键,很可能在于采阴补

[①] 戴圣《礼记·内则》(据传说公元前 1 世纪成书,实际上大约 2 世纪末成书)。

阳。在一夫多妻的上层社会里,男人们通过有规律的含蓄性交,在可能的情况下让多名女子参加,而把射精尽量推迟,最后给予精心选出的最有可能受孕的那一位。

在上述背景下,男子手淫属于不可赦的浪费罪行。人们认为手淫不仅浪费本来就很有限的精子,也会使精子质量受损。女子手淫则是被允许的,只是会对使用不合适的性用品提出警告。这种警告并非毫无缘由,从公元前113年去世的汉武帝的弟弟刘胜墓中就出土过青铜制作的假阳具。

总之这只是少量考古确认过的,出自皇帝时代早期的例证之一。此外只有一些汉代晚期的画像砖反映了性爱内容,其中两块于1979年在四川新都附近出土。两幅画面上各有一对在桑树下裸体性交的人,在场的还有另外两个裸体男人,其中一幅画面上甚至描绘了竖起的阳具,这真是一场小小的狂欢。

文字记载可以提供更多的信息。从公元前168年下葬的马王堆3号墓里发掘出的作为随葬品保存的竹简上发现了大量信息。这些竹简未曾经过加工或审查,是第一手的原始资料。从男人们的视角来看,竹简上的内容简直是一份详尽的性爱宝典。特别丰富的前戏,各种各样的姿势如"虎跑""蝉附"。后续的内容里还包括对如何挑选正确性伙伴的提示,对如何怀孕的建议,以及一些春药的配方。

因为把性行为看得很重要,在这类文学记载中,大多把同性恋和鸡奸行为排除在外。从其他流传下来的官方正史中,我们可以清楚地知道,即便同性关系被列为禁忌,而在事实上却在历史舞台上扮演过重要角色。比如不少汉朝皇帝都和年轻男子或太监有过性关系。这当然是无法达到"阴阳和合"的目的。可以说很大一部分"天子"拥有双性性取向。

在汉朝,卖淫嫖娼现象已经出现。相关详细的记载多出现于唐宋。此类女子可分为两类,一类是仅仅提供性服务的低级妓女,另一种则是掌握大量谈话技巧的高级妓女。她们往往受过良好的教育,不仅是用性爱,而且,更多是通过她们出色的言行举止、诗歌朗诵、音乐或者舞蹈表演、熟练的餐饮服务,以及机敏的应答和玩笑等在高档场合娱乐顾客。她们中的大部分受"养母"监管,供职于那些只有男性感到开心的营业场所,收费极其昂贵。对于男性,太过频繁出入此类场所会导致破产；而对于一些"歌女"而言，这样则意味着社会地位的上升：前提是，这个富有的恩主一直对她保持兴趣。因为一个合法妻子的地位，对于妓女而言，还是非常罕见的。

陶俑小男孩（陕西安仁瓷窑遗址，12世纪）①

人皆养子望聪明，我被聪明误一生。惟愿孩儿愚且鲁，无灾无难到公卿。②

---

① 图片来源：咸阳市文物局《咸阳文物精华》（北京，2002）第118页。
② 苏轼《洗儿习作》（1080），转引自《苏轼诗集》（北京，1982）第八卷，第2535页。

丁 丑

14. 童年和少年

坐落在旬邑附近的安仁瓷窑遗址规模庞大,由连成排的许多瓷窑组成。经过1977 年以来的多次开挖,已经发掘出无数件陶瓷器具。大部分是容器具,零散的也有小塑像。其中有一个陶制小男孩,高 29 厘米,呈坐姿,手中持一圆球。发掘者推测出土物品源自宋代,从时间上来说,这些物品的确不可能早于 12 世纪。

过去在中国,儿童死亡率很高。不仅因为各种病痛和瘟疫导致儿童经常早死,而且也有所谓"洗儿"的缘故:这是一种把不想要的婴儿淹死的委婉的说法,主要是女婴。真正的洗儿当然也有,这对于父母想要的婴儿来说是人生第一次重要的仪式。通常在婴儿降生满一个月时举行这种庆祝式的清洗仪式。清洗用的水里常会添加香料。举办这个仪式意味着一个新成员被家庭接纳,在接下来的百日和周岁时也举办庆祝仪式。

最重要的事情是在婴儿出生三个月后为之起名。不同于姓是固定的,名可以从各个方面考虑:比如身份地位,具体事件,著名的榜样,宗教上的联系,父母的情感,威慑恶鬼,理想的性格,引用经典箴言等等。总之要遵循一个原则,也可以说是一堆原则,那就是要注意避讳长辈的名字。想认清一个人可不简单,首先得搞清楚他的名字:

昵称(小名),过了儿童时代,偶尔也会被使用;

正式名(字),主要是上层社会的男人们进入成人年龄时开始使用;

笔名(号),主要是学者和艺术家使用,往往与他们的工作室或是书房有关;

死后追赠的(庙号),这个只有站在国家顶峰的一小部分人有权使用。

童年时光往往在自传中被描绘成一生中最幸福的阶段。作为记忆中的财富,这有时是被特意选出的并因此经过了一些美化。但至少对于一部分生活无忧的上层人士来说,这种无忧无虑的童年是真实存在的。一直到换牙为止,关爱还是多于管束的。大约要到七八岁开始,男女分开,进行教育训练。这时就有很大压力了,大部分还伴随着戒尺。

大部分人的教育和职业相关,比如和农业相关或者手工业的第一步,多年以后才能完成一种系统的学习。那时还没有给普通人提供的开放的学校,只有少数人有机会学习读书写字。与普通人相反,有钱人家的孩子,其学习重点则是文化传承。通常是父母做出决定,如果能负担得起,还会为孩子请一个家庭教师。首先要掌握尽可能多的字,学生们每天要记下大约 20 个字。然后还要学会解释经典和写出合乎规范的文章。以上是男孩们的教育,女孩的教育全然不同,正如一位生活在公元 8 世纪的女学士这样写道:

> 朝暮训诲,各勤事务。扫地烧香,纫麻绩苎。若在人前,教他礼数。……莫纵歌词,恐他淫污。莫纵游行,恐他恶事。(女孩的教育从早到晚不能懈怠,要完成各种任务。比如扫地、烧香、纺麻织布等等。她们也要学会在客人面前施行正确的礼仪……女孩不应该学习诗和歌,这会导致她们放纵腐败。)[①]

为防止风俗败坏,年轻人被强调要特别尊重老人。孝,这个词往往被翻译为"子女之爱"或"尊老之道",更多意味着一种道德义务。因此,在唐律中,蔑视或怠慢父母和反叛、叛国罪、品行不端以及乱伦一并被列为"十恶"之类。[②] 当时父亲独裁几乎不受限制,即便杀掉孩子也只会受到很轻的惩罚。反之,就算只是尝试杀死父系长辈,也会被法官指控并判以死刑。

女孩们的性成熟标志着少女时代的结束,在成人庆典上她们得到一枚发簪作

---

① 宋若华、宋若昭《女论语》(780)卷八。
② 长孙无忌《唐律疏义》(约 653 年实施)卷六,转引自朱熹《朱子家训·义礼》(1170)卷二。

为礼物,随之而来的往往还有订婚仪式。男孩们的成人仪式在15—20岁之间举办,在仪式上他们会被加冠,并给予更多权力。这宣示了他们新的社会地位。从此他们就必须告别童年思想,以品德高尚的成年男士标准要求自己。

尽管经过严酷律法、道德文章和暗示性礼仪的狂轰滥炸,年轻人们并非完全变得彻底恭顺。那些大城市里在考试中被屡屡击败的年轻人,很是引人注目,不仅因为他们神态傲慢,而且因为他们经常流连酒馆买醉。其中一些出于冒险冲动和短视,甚至加入暴徒帮会,最终过早死去。

陶俑老妪（福建福州刘华墓，10 世纪）[1]

一年年觉此身衰，一日日知前事非。咏月嘲花先要减，登山临水亦宜稀。[2]

---

① 图片来源：宿白《中华人民共和国重大考古发现》（北京，1999）第 432 页。
② 白居易《将归渭村先寄舍弟》（835）。

戊 寅

15. 老年的负担

唐末（906）到宋初（960），中国经历了一段支离破碎的混乱时期。北方五个短命王朝此起彼伏，南方则建立了十个小国。其中南汉（905—971）占据了今天的两广地区，闽国占据了今天的福建。这两个小国曾经有一次联姻，南汉王的女儿刘华（于930年去世），嫁给了闽国的摄政王。

1965年发现的这座墓，根据出土的墓志铭确认是刘华之墓。墓中出土了40多具陶俑。其中一具高47.7厘米的特别引人注目，这具陶俑从面部特征可以看出是位老人，但性别特征不是很明显。根据墓主人性别、其他女性陶俑以及该陶俑服饰上的一些间接证据推断，这是一位女性。

年纪变老以及与此相连的愁绪，是中国诗歌的一个主题思想。许多诗中充斥着对于体力衰减、白发和孤独的哀叹。带有个人感情色彩的诗歌站在官方规范文学的对立面。官方文学挥舞着"教鞭"，鼓吹老人应享有特权，并把一些突出表现"孝道"的事例汇集成书加以推广。

间或有些事例近乎荒谬，比如，一名女子不忍没牙的婆婆挨饿，自己给她喂奶；一个小伙子晚上脱光自己吸引蚊子，以使父母不受叮咬，安然入眠；一个小姑娘从虎口救下了濒死的父亲；一名男子品尝父亲的粪便，以检查一种药物的效果；一个小孩要把自己卖身为奴，以筹钱使死去的父亲得以体面地下葬。

并不只是被满含激情装扮过的小说中会脱离现实,往往还有道德文章。一些带有儒家风格的文章里充满将死之人的老年呓语式的风格。如此强调对老年人的尊重或许恰恰是因为在现实中的情形与理想中的道德标杆偏离甚远:

> 而命穷之人,晚景最不易过,大率五十岁前过二十年如十年,五十岁后过十年不啻二十年。而妇人之享高年者,尤为难过。大率妇人依人而立……故妇人多有少壮享富贵而暮年无聊者。[1]

寡妇的处境特别艰辛,夫家的成员往往把她们看作经济负担,娘家也不再是庇护所了。年轻的寡妇还可以选择再嫁,年老的只好乞讨度日。而乞讨往往徒劳无功,最后无奈自杀的例子比比皆是。与社会供养无关,寡妇们因为守节而集体自杀的行为只在皇帝统治时期的最后几个世纪才出现。

对于上层社会人士来说,还有一项重大负担,那便是在面临死亡时要做好"适当的"准备工作。到一定年龄时,就该把棺材做好,寿衣缝好,墓地造好,尽量不外出,最好是死在家中,理想的话,先洗好澡,穿好寿衣再死。

在始皇统一前就有一种手杖,把手是一种鸟的模样,这种手杖是老人特殊地位的象征。在汉朝时,皇家把这种手杖作为令人敬畏的象征授予70—80岁的老者,开始是根据老者的社会地位授予,后来据说没有特别的限制。持有手杖的老者享有特权,比如说免税,更重要的是令人恭顺。年轻人如果敢冒犯这样一位老者,极端个别情况下可能会被公开处决。至少在一份皇帝的诏书中是这样写的,作为随葬品,这份诏书和一支这种手杖被存放在武威一座古墓里。

家庭中长辈和晚辈之间的关系,从某些方面看来,威压和胁迫多于和谐和关照。古代文学中很少写到那种对老人自然随意的真情流露。只是偶尔会提及,比

---

[1] 袁采《世范》(1179)卷一。

如在 12 世纪写成的这部袁氏《世范》中，至少要求大家更加宽容：

> 年高之人，作事有如婴孺，喜得钱财微利，喜受饮食、果实小惠，喜与孩
> 童玩狎。为子弟者，能知此而顺适其意，则尽其欢矣。[①]

[①] 袁采《世范》（1179）卷一。

金缕玉衣（河北满城窦绾墓，公元前 2 世纪）[1]

生死异路，不得相妨。[2]

---

[1] 图片来源：河北省博物馆《河北省博物馆文物精品集》（北京，1999）第 89 幅图片。
[2] 河北望都二号墓买地券（182），转引自 Ikeda On《Chūgoku rekidai boken ryakko. Tōyō bunka kenkyūsho kiyō 86》（1981）第 221—222 页。

16. 死后的世界

1968 年在陵山发现两座巨大的石质汉墓,墓中所葬的是公元前 113 年去世的刘胜和几年后下葬的王妃窦绾。根据史书记载,刘胜是汉武帝的兄弟,受封为中山王,生活作风穷奢极侈,其妻窦绾出身于与国休戚相关的武将豪门世家。

两人都身穿价值连城的金缕玉衣。这玉衣由两千多片精心打磨的玉片组成,如同盔甲,玉片上穿小孔,用金丝连接。不仅是躯体,四肢和头部也都被玉片覆盖。七窍封有和田玉含。至今在全国范围已经出土很多汉代玉衣,大部分已不完整。几乎所有使用此种葬仪的,都因血缘关系相近或政治地位崇高而与皇室关系密切。例外的是薨于公元前 122 年的南越王赵眜,他的统治区域位于今天的广东省。他也采用此种葬仪,可能是想通过这种方向显示其与汉帝国的平等和独立关系。

现在还不清楚,为什么古人要努力把尸体"密封"起来。有人认为,玉可以防止尸体腐烂。此外,并没有迹象显示,干尸有自我意识。可是人们确信,死尸具有灵魂。这种灵魂对活着的后代有潜在的威胁。所以玉衣有可能是防止灵魂从尸体中跑出来,或是防止它变成恶鬼。总归这是个问题,把尸体用棺材和墓室严密地封闭起来,到底是为了保护谁? 死者还是生者?

接下来不清楚的是,为什么墓葬开支如此巨大。尽管人们一再猜测,随葬品是给死者带到另一个世界的装备,但这个猜测的前提,也就是还存在"死亡之后的生活",至今并没有可靠证据证明。在墓中常能发现的随葬文书里也没有相关的信息,倒是经常记载有购买墓地的费用开支、随身携带的物品清单和试图在地下世界报到时获得较好地位。这些展示了在"地下世界"的官僚习气的活动,人们希望通过这些来免除死者和后代的罪责。

从根本上说这是儒家思想统治的反映,他们关心的是,葬礼规格与死者的社会地位相符。首先重要的是监督执行严密的全方位的丧仪规定,比如死者家属需服丧长达三年。违反规定的行为——这意味着几乎所有的生活乐趣——将会被严厉地惩罚。与之相关的思想的中心是与祖先的关系,而不是与死后世界的关系。在这方面更激进的是一些持道家思想的哲人,他们把生活乐趣和平等思想联系在一起:

> 万物所异者生也,所同者死也。生则有贤愚、贵贱,是所异也;死则有臭腐消灭,是所同也。虽然,贤愚、贵贱,非所能也,臭腐、消灭,亦非所能也。故生非所生,死非所死,贤非所贤,愚非所愚,贵非所贵,贱非所贱。然而万物齐生齐死,齐贤齐愚,齐贵齐贱。十年亦死,百年亦死,仁圣亦死,凶愚亦死。生则尧舜,死则腐骨;生则桀纣,死则腐骨。腐骨一矣,熟知其异?且趣当生,奚遑死后?(人生在世各有差异,死后却都相同。智慧或是愚笨,富贵或是贫困,死后都会腐烂……有的人十岁死,有的人百岁死,圣人会死,凶顽也会死……腐烂后的骨头都是一样的,哪里看得出不同。我们应当珍惜活着的瞬息时光,而不是去担忧死后会怎样。)[①]

即便是这里援引的文字在别的方面把人生在世形容得很痛苦,但在此绝对是在为延长生命而采取的种种措施做辩护。为了争取长生不死,有人会尝试某些特殊的性体验或者服用各种毒品。这些尝试未必都经得起检验,所以他们经常会受到所服用的药物的副作用侵害,这样反而缩短了他们本来可以抓住的"瞬息时光"。众所周知,秦始皇(前221—前210在位)和汉武帝(前140—前87在位)都是这样中断了他们长生的梦想:

> 常闻汉武帝,爰及秦始皇。俱好神仙术,延年竟不长。金台既摧折,沙丘遂灭亡。茂陵与骊岳,今日草茫茫。(吾常闻言……世人热衷追寻传说中

---

① 《列子·杨朱第七》(4世纪末)。

的不死神仙,以期延长寿命,皆为徒劳! 但见尔等黄金楼阁倒塌,殿寝消失殆尽,坟冢之上荒草萋萋矣。)[1]

汉帝国崩溃后,随着佛教的传入,带来了一种重要的新观念。佛教思想认为尸体火化比土葬更好,而且用转世和涅槃的思想解释了一种完全不同的生与死的概念。这开启了新一轮的理论探讨。对于普通人来说,更加吸引人的则是佛教对于"西方极乐世界"的描述,尽管这只是得到最终解脱的前一阶段,但却是相对容易达到的目标。同样详尽,却不那么令人愉快的则是对地狱的描述,各种残酷的刑罚,令人毛骨悚然。

---

[1] 《寒山诗全集》(北京,1929)第45a页。

保卫森严的城门(甘肃敦煌莫高窟第 154 窟壁画,9 世纪)^①

秦川雄帝宅,函谷壮皇居。绮殿千寻起,离宫百雉余。连甍遥接汉,飞观迥凌虚。
云日隐层阙,风烟出绮疏。^②

---

① 图片来源:胡同庆《敦煌石窟艺术:莫高窟第一五四窟附第二三一窟(中唐)》(南京,1994)第 90 页。
② 唐太宗李世民的诗(635),引自《全唐诗》(北京,1960)第一卷,第 1 页。

17. 城市和首都

　　莫高窟第 154 窟的这幅壁画经中国艺术史专家根据画风判断,出自 8 世纪末或 9 世纪初。画面正中是两扇城门,城门两侧连接夯土城墙。城门洞上方耸立着一座传统样式的、朴实无华的木质城楼。两扇关闭的城门树立在一个结实的门框内,这个门框由支柱、柱墩和门槛构成。门框周围包围着坚固的城墙。左右两侧站立着两个超大个的持矛带剑卫士。

　　城墙包围着宽广的市内建筑区域,城墙上有规律地开有城门,早在帝国统一之前,这就已经是中国城市的识别特征了。城墙既是城市的隐喻,也是象征,汉字"城"在很长时间里拥有两层含义:城墙和城市,这并不是毫无缘由的。如地势允许,被城墙包围的城市的平面形状总是近似长方形,它的结构遵循固定的规则,其中最为重要的是南北方向中轴线的设定。

　　公元 582 年,在帝国重新统一、隋朝建立之初,才登基一年的隋文帝就宣布要建立一座新的都城,这并不出人意料。比起早先的统治者使出的各种争取民众支持和政权合法化的手段,他认为通过这种方法来表明他的新政权的建立更加直观形象,深入人心。当然他也不敢完全割裂与过去历史的联系,因此新都城建立在离渭河中游岸边只有几公里远的地方,这里在秦汉时期都曾是首都所在地,这样使历史的延续和新的变化完美地结合在一起。然而当时无法预见到,这座长安城在随后的唐朝会发展成为世界上最大的都市。最迟到 10 世纪,这个地区的"黄金时代"结束了。今天的西安感觉自己是传统的守护者,但其实它与昔日庞大的长安城的联系已经很有限了。

不仅是名字的转换,唐朝时长安占地接近80平方公里,比现在的省城西安大了许多。当时的街道相应的四通八达,如棋盘一样连接起各个坊市。城市外也有一圈围墙。城门在白天规定的时间打开。这道围墙属于传统形式,它与其说是用来保护,还不如说是更多地用来监督城内居民。

一条150米宽的大街是长安城的中轴线。这条大街常被用来举行盛大仪式,大街北头直抵皇宫和政府机构。整个城区被它分为东西两个市区,每个市区各有一个大市场。尽管街道宽阔雄伟,但也经常会发生交通事故,因此自公元653起,唐政府发布如下法令:

> 有人于城内街衢巷衕之所,若人众之中,众谓三人以上,无要速事故,走车马者,笞五十。以走车马,唐突杀伤人者,减斗杀伤一等。(城内大街小巷人群聚集之处,如无紧急事由,禁止车马奔驰,如有违者打五十板。如因车马奔驰撞死撞伤行人,按斗杀伤减一等处罚。)①

城北是宏伟壮观的宫殿群,皇帝和他的臣仆居住于此。大多数普通百姓只能看到宫殿屋顶的影子,这片区域对普通人是绝对的禁区。宫殿南门是有特殊意义的正式通道,被用来迎接外国进贡的使臣,也用来公布重要的决定。在这里会举行一年两次的觐见仪式。多层的城楼象征着皇宫与外部世界的大门,它也是一块特殊的地方,在这上面"天子"和他的臣民可以进行仪式性的交流。

皇宫南侧是政府各部门办公区,外面也环绕围墙,与居民区还有一段距离。办公区内有很大部分被花园和各种福利设施占据。寺庙佛塔等分布于城内各处,一些外来宗教如拜火教、摩尼教和景教庙宇则集中在西市附近,因为大部分沿着丝绸之路来到中国的外国商人居住在这里。

最有争议的是人口统计。各种不同的估算都没有具有说服力的证据,相互间差异极大。目前相对可以接受的看法是,总人口至少超过100万。唐朝时的长安估计是那时唯一的世界中心城市。对于许多居民来说,长安不仅是全国政

---

① 长孙无忌《唐律疏议》(约653年颁布实施)卷二六·杂律。

治、经济和文化中心，也是他们恣意奔放的生活情感的源泉。首先有大量散文为证，另外诗歌也不少，其中充满人们在"国家根本"所感受到的寂寞、孤独和失落之情。

带有残余釉质的陶制瞭望塔模型（河北桑庄 1 号墓，2 世纪）①

隆厦重起。凭太清以混成，越埃壒而资始。巍巍标危，亭亭峻趾。②

---

① 图片来源：James C. Y. Watt 等《中国，一个黄金时代的没落（公元 200—750）》（纽约，2004）第 106 页。
② 左思《三都赋》（3 世纪末），转引自萧统《文选》（531）卷四。

辛 巳

18. 分割和控制

　　1984 年在河北阜城北约 35 公里处发现了一处有多重墓室的古墓,不含墓道长 28.36 米、宽 15.36 米、高 5.16 米,规格之大,令人赞叹。由于水和淤泥的侵入,墓室里的陈设遭到很大破坏。另外墓室遭到过早期盗掘,所以出土文物的数量不多,质量也并不高。从出土的七枚铜钱推测,该墓约建于公元 2 世纪末期。那是一个动荡不安的年代。在那时很多上层人士,很可能也包括墓主人,被迫离开了他们的乡村庄园。

　　这件出土的四层望楼模型是建筑物中的典范。它通高 216 厘米,周围有阳台,带有非同寻常的昂贵的悬臂梁和装饰完美的屋顶设计。虽说这显然是一个华而不实的玩具,但它体现出来的一些最基本的功能也难以掩饰,比如四面的老虎窗显然是防御用的瞭望哨,还有墙上固定的盾牌和弩箭。可以表明它的防御功能的还有坚固的大门以及挂在最高檐沟下的锣,显然是在有敌袭时报警用的。

　　此类防御设施非常昂贵,但并不多余,因为在这样一段时期,土地和财富持续向少数富人手里集中,另一方面普通农民越发贫困,各种起义造反此起彼伏。大量无业青壮流民前途无望,也只有两条路好走:要么成为地方豪强的看家护院者,要么加入盗匪队伍,即便严刑峻法亦不能阻止。

　　社会动荡的另一因素是呈增长态势的宗教与社会力量的结合。在公元 2 世纪下半叶,首先是道教力量为叛乱者提供了思想支撑。他们大多通过一种简单的方法吸纳新加入者。一方面许诺更好的生活水准,另一方面从共同和个体的层面上许诺精神上的满足。他们宣称可以为追随者施加护身符,从而使之刀枪不入。两个宗教势力成功地建立起了等级分明的跨地域组织,一个是在西部控制了广大地区的"五斗米教",另一个则是短期占据东北部地区的"黄巾军"。

公元 184 年终于爆发了公开的叛乱。叛乱很快被政府军队扑灭。显得奇怪的是,接下来发生的是戏剧性的宫廷权力转移,在宦官们成功掌控了几十年的宫廷,不再只是被排挤到边缘的文官们前来报到,得胜还朝的将军们也想要表达他们对权力的强烈欲望。之前听凭宦官摆布的皇帝此时沦为将军们的人质。

高级军官们只在一点上意见一致,那就是只有自己才是唯一有能力使国家长治久安的关键人物,为达此目的他们不惜采取一切手段。由此引发的竞争导致兵连祸结。等到他们的争斗达到史学公认的尾声时,汉王朝也只剩一个空架子了。

对于东北地区的富人来说,危险不仅来自抢劫的匪帮、狂热的叛乱者或者不守纪律的政府军,还来自草原上比邻而居的"戎狄"。尽管公元 2 世纪时的草原民族,如乌桓和鲜卑,还没有强大到令汉王朝做出巨大让步的程度,但他们偶尔为之的偷袭也会给今天的河北一带造成各种各样的损失。虽然长城仁立,可惜也挡不住所有入侵。

那时的长城还远不是现在这样像全封闭的堡垒。长城的建造也不可能只是源于秦始皇帝的念头轻动。皇帝的想法要全面复杂得多,长城不仅要填补那些单个防御工事之间的空白——这些防御工事中的一部分在帝国统一时已经历史悠久了,还要把一些战略要地也都包括进来。"长的城墙"(中文"长城"的字面含义)通常并非一定沿着公认的不同生活方式和文化的分界线建造,而是首先沿着当时的势力范围。与其说是阻隔,其实更有利于控制。这不仅适用于贸易,也适用于情报交换。政府当局对这两种功能都抱有猜疑,并密切注视。也有一些朝代比如唐朝认为无需修复和扩建长城,他们更加信赖一种多样化的、富有进攻性的策略方向。

建造长城的主要材料是黏土。人们把黏土一层一层地填充在可拆除的木头框架内,用楔形木槌夯实,间或使用格状结构加以牢固。有规律地在一定距离内修建平台,上面建有望楼,起到警戒和传播警讯的作用。在建造中偶尔也会使用大石块、鹅卵石和砖头。建造长城所使用的木质材料到今天几乎完全没有保留下来,所以也无法复制当时的木建筑。这件陶制随葬品至少向我们展示了此类建筑的形式,它也是后来塔形建筑的范本。为此我们可以带着谨慎的态度严肃地看待这件陶制品的历史意义。

带有残存彩绘的陶制庄园模型（河南于庄 1 号墓，1 世纪）^①

亦有甲第，当衢向术。坛宇显敞，高门纳驷。庭扣钟磬，堂抚琴瑟。^②

---

① 图片来源：河南博物院《河南出土汉代建筑明器》（郑州，2002）第 48 页。
② 左思《三都赋》（3 世纪末），转引自萧统《文选》（531）卷四。

19. 房屋和庭院

1981 年,考古学家在河南淮阳于庄发现了两座古墓葬。在其中一座长达 6 米的古墓的发掘现场,考古学家发现了少量的棺材和残留骨骸,随葬品并不多,其中有精美的装饰画,另外值得一提的是两枚半两铜钱。某些考古学家根据这两枚硬币断定古墓出自公元前 2 世纪。因为硬币作为死者的殉葬品并不罕见,即便硬币失去了其流通功能,还是可以作为随葬品陪伴死者入土,所以这种说法也并非牵强。不过许多其他的证据证明,该墓葬有可能出自更晚的年代,大约在公元 1 世纪,中原地区的大地主热衷于炫耀自己取得的权力光环,上图表现的庄园即为其中某位大地主的私人财产。

于庄古墓中所发掘出的陶制庄园模型令人叹为观止。模型长 130 厘米、宽 114 厘米、高 89 厘米,布局严谨、错落有致,四周有高墙环绕,连接庄园和外部世界的唯一的桥梁是严密看守的大门。庭院内部有厨房、马厩、卫生间和菜园,生活部分和工作部分紧密结合。高台之上的宽敞大厅为庭院的主建筑,大厅内绘有六个乐师和各色乐器,反映了富有时代特色的仪制和主人富丽堂皇的生活氛围。

中国传统建筑为柱式建筑,房顶由柱子支撑,墙体只起到填补梁柱间空隙的作用,没有支撑作用。这种建筑方式以及建筑材料并不能长久保留,因此目前没有保存完好的汉代建筑,而考古遗址上的复原建筑也只有有限的参考价值,所以古墓陶制庄园为人们了解汉代建筑提供了难得的实证。庄园显示出支架结构的形状。观察陶制庄园,人们会发现在这个庄园建筑中,这种框架结构由门槛和柱子组成,用木条进行加固。为了起到额外加固的作用,在许多地方还使用横梁和斜椽。这种木质框架由许多格子组成,在一些典型的建筑物中,这种格子很可能是用黏土涂抹的。有些地方也会用并排捆绑起来的树枝或者风干土坯来造墙;相对来说石头用得很少,几乎只会在墓葬建筑中用到。

在这个模型上,可以看到墙体上有形态各异的通风孔,墙砖孔和窗栅之间的分隔线孔形态相似。中国传统建筑中大多有单扇房门,从内外均可打开,而大多数的门朝里开,槽口一般装在左边。于庄的陶土庄园也有两扇打开的大门,公元前 122 年葬于王宫附近的西汉南越王赵眜墓的入口也有这样的两扇大门。门扇安置于一个框架内,这个框架由门楣和门槛铆接而成。中国传统建筑中的有些门面有一个巨大的环形把手,搭扣连接,仿金属质地。此为主人外出时用来关门上锁的把手,并不是某些建筑史学中所认为的“门环”。在一些模型里把手是垂直的,以便于插入交叉杆,把不受欢迎的来客拒之门外。此外,一些门下方装有可爱逼真的小门,供小动物比如狗进出使用。

在某些地形条件以及土地特质允许的地区,富有代表特质的主建筑物被建在一个被抬高的平台上。这个平台由多层的夯土构成,平台下面有特意挖深的地基,地基中填埋其他材料比如碎石瓦砾用以加固。在一些地区考古发掘发现,人们还会在四边把这种突出于地面的平台装饰起来。考古发掘也证实了中国传统建筑常常使用陶片作为地板的铺层。此外,这些模型给我们展示了形态各异的屋顶,和其他建筑配件相呼应,这些形态各异的屋顶在一些大的建筑群中突出了每个房屋的等级高低。最常见的是由两个斜面组成的马鞍式屋顶,四坡屋顶(四面都有斜面的屋顶)、帐篷式屋顶(由四个相同大小的三角形面组成)、脚四坡屋顶(在屋脊和屋檐之间有两个斜面,在山墙脚有两个斜面)也比较常见,只有不重要的偏殿才有斜面屋顶(只有一个斜面)。所有的屋顶的共同特点都是突出的屋檐的位置,因为房屋缺少专门用来排雨水的管道,所以屋檐可以保护墙面不被潮湿侵蚀。

屋顶覆盖的材质大多为陶砖,安装方式凹凸交错,暗示了中国传统的阴阳观念。这个陶制庄园中,屋顶的拱形结构非常引人注目,而半圆柱体的形状是为了突出屋脊和穿棱。而中国建筑中典型的屋顶和穿棱一跃而起的形式,在此后较晚时期才出现。

大部分屋顶压力由厅柱和门柱承担,同时,连接厅柱和门柱的长梁和横梁不仅仅具有加固作用,而且具有承重作用。为了保证房屋的建筑面积,为了更好控制重量,为了增加屋顶的承重力,房屋还设置了牛腿(悬臂托架),牛腿一般来说建造在屋檐下面。汉朝时期,牛腿结构非常简单,简单的承重臂以及其上的牛腿臂还有牛腿平台构成加固结构。汉朝末年出现了相对精细的、由多重等级构成的牛臂结构,此举的目的在于能够支撑一些并排建筑的房屋。斜指向上方的檩梁也可以支撑屋檐檩条,这种构造也不少见。

此外,陶制庄园还摆放有许多人形雕塑,这些人在用石臼和铁杵棒槌磨碎粮食,动物微雕,比如牛、猪、狗、山羊、母鸡和鸭子也为数不少,这些形象生动再现了庄园的农业用途。当时人们在家禽栏饲养哺乳动物,这些家禽栏由门柱结构构造于居住范围内,人们经由坡道和台阶就可以进入家禽栏。在一些文学作品中,这些小的空间往往被牵强附会为卫生间,但是这种归类并不一定符合当时的情况。

高墙、角塔以及门上凸出部位从建筑学角度表明了房屋的防护作用,即便一些小的细节也表现出建筑方面一些防风防雨的考虑,而安全方面的考虑则集中体现在房屋的建筑高台、坚固的围墙栅栏,以及房屋所配备的安保人员等诸多方面。

夫妻坐像（河南白沙 1 号墓葬前墓室壁画，11 世纪）①

见僧等来，皆起立作手，并礼唱且坐，即俱坐椅子啜茶。②

---

① 图片来源：宿白《白沙宋墓》（北京，1957）第 22 幅图片。
② 圆仁《入唐求法巡礼行记》卷一，开成三年（838）十一月十八日的记录。

20. 家具和空间布置

　　1951 年，河南殷水上游修建水库时，考古学家发现了一个有上百座墓的墓葬区。其中发现了三座宋代墓葬。1 号墓清理工作大抵是在其后第二年 1 月完成的。这个巨大的砖构墓葬(不含墓道 7.61 米长)的三个部分中，靠里面一个墓室内放置着一男一女两具尸骨，周围葬有少量随葬品。在其旁一个小箱子里的数量众多的书写有字的小石板上，记载了墓主为赵氏；其下葬精确的年号为元符二年(1099)，如此考古学家即可准确判断其年代。

　　此墓的仿木结构屋顶和前墓室西墙上的壁画(宽 1.3 米、高 0.9 米)非同寻常。墙砖在刷漆前先雕刻过了，如此一来突出了立体效果。画面上的桌子、桌上的壶和两个杯子、桌旁的两把椅子，以及椅子上相对而坐的两个人，具有浮雕效果，考古学家估计，此二人即为墓主人及其夫人形象。画面背景中还可以看到两扇屏风中站立的侍者。

　　在此前几个世纪，这幅画面还是不可思议的。尽管在唐朝之前就已经有椅子了，但起先通常还是用在宗教场合——大部分作为高僧的宝座，他们或是盘膝，或是垂腿而坐，如同佛或者菩萨，以此展示他们的庄严形象。直到 9—10 世纪，椅子才逐渐"走下神坛"，其后逐渐作为普通家具被大多数老百姓使用。

　　再向前推算，中国人习惯于跪坐在席子或者毯子上，汉朝皇帝也不例外，其"负斧扆，次席纷纯，左右玉几而南面以听矣"[①]。那时等级差别不是太大，统治者在接

[①]　张衡《东京赋》(110)，转引自萧统《文选》(531 年成书)卷三。

受拜谒时坐在一个小平台上,如同教师在给他的学生授课,如同地主在接见他的佃户,如同法官在宣布他的判决。在私人场合中,这块小平台往往是地位相当的人们高谈阔论、纵情饮宴的地方。

最初的时候,与臀部跪坐在脚跟或脚底这种姿势相配的家具也是有的,此即条桌,其下带有活动腿,人们可以把手臂放在上面休息,下面可以放得下腿;还有小炕桌,低矮得让人几乎找不见桌腿。随着椅子的出现——同时出现的还有小凳子和长凳——高桌子,这是人们从别的场合找来的,被搭配在一起使用,用来放菜肴和饮品。

在古时,中国睡在席子上甚至是地上的人肯定是相当多的,因为不是每人都有一张床,更别说放床的卧室。床的高度取决于当地的气候。在温暖的南中国,最初是为了防潮,人们使用带有低围栏或带有蚊帐的木床。在寒冷的北方,大部分地区用炕,这是一种用砖头或黏土搭造的、可以在下面烧火取暖的床。特别是在冬天,在白天,大炕也是人们的主要活动场所,人们把卧具收在一边,围坐在炕桌边一起工作、吃饭以及交谈。

爱美的女人们为了保持发型的完美而在睡觉时使用枕头,此外,古代大部分中国人睡觉时使用硬枕头,有稻草、竹子、木头等等材质。皇家选用贵重材料制造装饰奢华的枕头,内部填装香料、香草等,但不一定舒适。还有瓷质的枕头,可以装进冰或者热水,可以在酷暑严冬时减轻人们对于温度的不适。

如果方便的话,人们夜里会把衣服挂在简单的衣架上或者墙上的衣钩上。会使用衣箱储存衣物,材质最好的是樟木箱,可以防止一种蛾的侵害。衣柜和台架在古代中国不属于常用家具,应该是在帝制的最后一百年才广为流传。

许多老百姓蜗居于面积狭小的住房,而上层人家的住房奇大无比,以至于其家庭成员往往会在自己的居室迷路。为了保持私密的感觉,需要把大房间隔成小间,此时常会用到屏风。屏风往往起装饰的作用,也是地位的象征,实际运用中还起挡风的作用。类似的还有帷幕。在中国,帷幕不仅被用来做窗帘,人们还喜欢用它来分隔空间。隔墙可以做成各种造型。虽说大部分比较简朴,但是颜色鲜亮、花纹简洁的绝对不少。而贵重的书法或者画轴通常不会用来装饰房间内部,这些宝贝艺术品被珍藏起来,只有特殊时候,比如有好友来访时,才拿出来赏玩。

留有彩塑痕迹的陶制仓库模型（河南白庄 6 号墓，2 世纪）①

公元前 141 年景帝诏曰："农，天下之本也。黄金、珠玉，饥不可食，寒不可衣。"②

---

① 图片来源：河南博物院《河南出土汉代简竹明器》（郑州，2002）第 23 页。
② 班彪、班固、班昭《汉书》（约 115）卷五。

21. 仓库——抗击饥饿的堡垒

　　1993 年,考古学家在河南焦作境内发现一座小型墓葬,其中 6 号墓以其丰富的设置尤为引人注目。其中一座高 192 厘米的陶瓷模型,是一座多层仓库用建筑,由 31 个部件组成,其建筑特征显示出典型的汉代特征,例如覆盖着砖瓦的四坡屋顶、宽广而突出的屋檐、用以支撑其上楼层或者屋顶的突出型柱顶盘、阳台游廊、窗户通风口、大门两翼的小塔以及围墙包围的前庭。两座建筑被一架阁道所连接,其上书写有"仓"字,标明了此建筑群的实用价值。

　　汉代人非常注重储备粮食,其所用仓库规模巨大,后人可以在白庄的考古鉴定中略见一斑。白庄位于西安以东 130 公里处,考古学家于 1980—1983 年间,在墓葬中发现了一座建筑群,根据瓦当铭文,人们可以确认这座建筑群是"都城仓库"。这座建筑群四周高墙包围,总面积 80 万平方公里,最大的一座建筑长度为 70 米,可谓恢宏庄严。建筑群中散落的铜钱和文字记载证明,此建筑群为汉武帝(公元前 140—87 在位)时期所建造。

　　白庄的仓库模型为中国北部以及中部地区一处典型的地上仓库建筑,白庄的仓库群中,仅有一座建筑位于地表以下 1 米,其余均为地上建筑。而中国南方,由于降水量比较大,建半地下半地上的仓库意义不大。中国南方优先使用一种柱形仓库,其仓库主体明显高于地面,可以保护食物不被地表潮湿和洪水所侵害。南方的柱形仓库一般来说有四到六根柱子支撑,柱子的上端越来越细,柱子伸到地下的部分形成一个锥形底部,比较厚实。这样一来,善于攀爬的动物就不能顺着仓库的下部结构溜到仓库里偷吃粮食、水果和蔬菜。而仓库的底部常常由橡形支架所支撑。为了使人能够进入圆形平台或者仓库顶上,有时候会另外架设一个用厚木板搭成的梯子,阶梯由一些带有凹痕的踏板组成。

汉墓中所发现的仓库模型和一些带有碑刻的砖头显示有人物图像,这些人正在仓库前称量粮食。大多数历史学家认为图案反映了无情的税收制度。这种解释合情合理,因为中国帝制时期的税收主要以五谷粮食的形式征收。另一方面,封建时代的社会核心价值观要求大地主们在危难时期开仓赈灾。假设这些图画的用意在于彰显死者身后的荣誉,那么猜测这些图画的主题为儒家所倡导的慷慨爱民思想,也不无道理。当然,这种猜测并没有把死者生前真实的生平经历考虑在其中。

仅仅是在汉代就曾经发生过 200 多起大面积的饥饿灾害,一半为干旱洪水寒潮暴风雨地震蝗虫灾害所导致,一半为战争动乱或者投机分子囤积粮食所致食物短缺。中国历史的发展在某种程度上可以说是一部危机四伏的历史,即便如此,朝廷对于灾害的管理也可以说是非常重视了。天灾人祸所导致的危机常常被认为是天庭给凡间的惩罚,是皇帝失去合法权的前兆,因此朝廷对于天灾人祸诚惶诚恐,致力于将其损失缩小到最小范围。如此背景之下,公共粮仓的设置堪称皇权稳定和基业永存的前提保证。在唐朝,负责管理仓库的官吏逾期不进行通风处理,乃至于所保存食物腐烂,将被处以三年苦力劳动的刑罚。除了保证仓库的良好管理,更为重要的是为了国家和社区充足的粮食储备制定更长远的政策方针。一方面要杜绝私人囤积粮食做投机买卖,另一方面要为饥荒岁月储备粮食。然而这一系列方针政策却往往流于形式,因此公元 11 世纪的文人程颐就发出了如此痛呼：

> 不制民之产，无储蓄之备。饥而后发廪以食之，廪有竭，而饥者不可胜济也。……未几谷尽，殍者满道……哀矜之一也。[1]

---

[1] 程颐《赈济论》（11世纪下半叶编写），引自《二程子抄释》（台北，1980）卷九。

漆器（湖南马王堆 1 号墓，公元前 2 世纪）[1]

毋抟饭，毋放饭，毋流歠，毋咤食，毋啮骨，毋反鱼肉，毋投与狗骨。毋固获，毋扬饭。饭黍毋以箸。毋嚃羹，毋絮羹，毋刺齿，毋歠醢。[2]

---

① 图片来源：湖南省博物馆、中国科学院考古研究所《长沙马王堆 1 号汉墓》（北京，1973）第二卷，第 151 页。
② 戴圣《礼记·曲礼上》（相传为公元前 1 世纪，其实为公元 2 世纪编写）。

乙 酉

22. 餐厅一瞥

　　1972—1973 年,考古学家于长沙郊区发现了三座墓葬。其中 2 号墓的印章显示主人为利苍,利苍为轪国诸侯,于公元前 186 年薨逝。据考古学家推测,1 号墓和 3 号墓为轪侯家族其后去世的家庭成员墓葬。大多数考古学家和历史学家倾向于认为,其中最年轻的墓葬主人为 1 号墓的一位贵族遗孀,这位女子去世时只有 15 岁,其死亡时间大约为公元前 167 年。

　　轪侯家族在政治上威望不高,在经济上的富足程度却令人吃惊,这一点从墓葬的建制即可略见一斑。墓冢直径约 60 米,墓穴深度约 16 米,设有好几座大型木制嵌入式建筑和层层相套的棺椁。墓葬中 1000 多件殉葬品足以彰显上流社会的生活品质。以墓葬中出土的 184 件漆制餐具为例,带耳的碗具 90 件,餐盘 32 件,除此之外还有整套的锅碗杯子以及调羹,漆制餐具主要为黑红相间颜色。较为典型的为一件长 76.5 厘米、宽 46.5 厘米的托盘,托盘上置有盛满食物的餐盘、一只带有耳朵的碗及两只杯子。餐盘直径为 18.5 厘米,碗长为 14 厘米,宽为 10.5 厘米,两个杯子其中一个高 11 厘米。托盘上刻有铭文“轪侯家”,餐盘上刻有铭文“君幸食”,带耳碗和两个杯子上刻有铭文“君幸酒”。后人可以据此清晰地判断这些漆器的出身和实用价值。

　　殉葬品中还有 30 多只竹制盒子、种类繁多的漆制器皿、陶制器皿以及少量的亚麻口袋。这些容器中装有一些食物,其中包括蔬菜和肉类。

马王堆 1 号墓蔬菜种类和调料种类

统称	中文名称	拉丁名称	类别
粮食	大米	Oryza sativa	谷物
	小麦	Triticum turgidum	谷物
	大麦	Hordeum vulgare	谷物
	圆形黍米	Panicum miliaceum	谷物
	粟米	Setaria italica	谷物
豆类果实	大豆	Glycine max	种子
	赤豆	Phaseolus angularis	种子
根茎蔬菜	莲藕	Nelumbo nucifera	根茎
水果	大枣	Ziziphus jujuba	果实
	甜瓜	Cucumis melo	种子
	梨	Pyrus pyrifolia	果实
	梅	Prunus mume	果实
种子和调料	芸薹	Brassica cernua	种子
	锦葵	Malva verticillata	种子
	亚麻	Cannabis sativa	种子
	四川花椒	Zanthoxylum armatum	果实
	浙江桂皮	Cinnamomum chekiangense	树干
	香茅	Hierochloe odorata	根茎
	良姜	Alpinia officinarum	根茎

马王堆 1 号墓的肉类食物

统称	中文名称	拉丁名称
鱼类	鲤鱼	Cyprinus carpio
	鲫鱼	Carassius auratus
	鳡鱼	Elopichthys bambusa
	逆鱼	Acanthobrama simoni
	银鲴	Xenocypris argentea
	鳜鱼	Siniperca sp.
畜类	家猪	Sus scrofa domesticus
	牛	Bos taurus domesticus
	绵羊	Ovis ammon aries

统称	中文名称	拉丁名称
禽类	家犬	Canis lupus familiaris
	鹿	Cervus nippon
	家兔	Lepus sinensis
	鹅	Anser sp.
	鸳鸯	Aix galericulata
	鸭	Anas sp.
	鸡	Gallus gallus domesticus
	竹鸡	Bambusicola thoracica
	环颈雉	Phasianus colchicus
	鹤	Grus sp.
	斑鸠	Streptopelia sp.
	矮脚鸽	Oenopopelia tranquebarica
	鸮	Athene sp.
	喜鹊	Pica pica
	田雀	Passer montanus

　　每个盒子上面有一根竹标签,标签标明盒中食物的名称,总共有312个竹标签。除了上述两个表格中所列食物,还有竹笋、芋头、鹌鹑和野鸭等菜品。这些菜品在当时的称谓如"火烤狗肝""风干牛肉""炒羊肉末"或者"鱼藕炖锅"等也一一详列于标签之上。后人不仅仅可以获悉古人食物原材料组成部分,还可以学习到古人烹饪、添加作料以及食物保鲜的方法。烹饪方式有烘烤、油炸、焖炖、白煮、水蒸等,而食物保鲜方式则包括把食物放在酱油、醋、蜂蜜等调料中腌渍、盐渍、糖化、风干等手法。酒精类饮料的原材料一般为黍米、大米以及小麦等农作物。

　　马王堆1号墓所保留的文物让后人见识到古人丰富的烹饪艺术以及古代上等人风流倜傥的物质生活。当时的贵族醉生梦死,大量花销民脂民膏。以墓葬女主人丰满的体型来看,她在吃的方面同样毫不逊色。考古学家对这位贵族女性的胃部进行了解剖分析,她在去世前不久还享用了一大堆瓜子。这位女士饮食习惯并不健康,因此她患有动脉硬化和心血管血栓等疾病。

煮茶壁画（河北宣化下八里村张文藻墓,11世纪）[1]

茶有真香。而入贡者微以龙脑和膏,欲助其香。……又杂珍果香草,其夺益甚。正当不用。[2]

---

① 图片来源：河北省文物研究所《宣化辽墓》（北京，2001）第二卷，第36幅图。
② 蔡襄《茶录》（1051）卷一。

丙戌

23. 天上的露水和玉液——茶

公元 10—11 世纪，中国东北广大地区被契丹民族占据，他们建立了辽国。1974—1993 年，考古学家在河北宣化先后发掘了一处由九个墓葬组成的墓葬群。这是一处家族墓地，墓主人间有亲缘关系，他们生活在辽统治时期。这些墓室里绘有彩色壁画，多次出现煮茶场景。其中 7 号墓前墓室东墙上的一幅煮茶图尤为引人注目。7 号墓中安葬的是张文藻，他的骨灰于公元 1093 年被安葬在这里，他实际死于 19 年前。

图中可以看到八个儿童和年轻人，他们的表情轻松愉快，围在一个橱柜和两张桌子周围。一张桌子上放着文房四宝，另一张上放着餐具。地面上放着一些烹茶用具。从前往后分别是一只茶碾，一个漆盘，盘中有一把刀，一支用来搅拌茶汤的竹制毛刷和一份茶点，后面还有一个炭炉，炉上一只水壶。

这个茶碾和 1987 年法门寺出土的银质茶碾极其相似。那个银质茶碾用材贵重，是唐僖宗在公元 874 年赠送给法门寺的礼物。在法门寺，人们还发现了一个小筛子、两个小筐和一些小罐小勺，都是银质的。还有很多玻璃和瓷质的小碗。如此之多的器具都是用来烹茶和品茶用的。

同时代的一些论茶的作品里也提到了上述器具。至少有两部作品在此不得不提及。一部是公元 760 年陆羽写下的《茶经》，这是第一部概论性的个人论茶见解。另一部则是完成于公元 1107 年的《大观茶论》，其作者无可置疑是宋徽宗。对于许多人来说，这些书中的饮茶方式过于精致，规定的烹茶方法精确到每一步，严禁混杂。广大普通百姓既没有茶具也没有时间,来按照这些复杂的方式品茶。即便如此,这也是了不起的创举! 如今我们还能从日本的茶道中联想到当时的盛况。当时人们喜欢在茶汤里加入姜、葱、枣、橙、茱萸、薄荷、丁香、香樟、黄葵等各种香料,而盐更是不可或缺的。

当然最根本的是茶树的叶子。在帝国统一前茶树就在西南地区,特别是今天的四川省广泛种植了。在汉朝时种植范围慢慢扩展到华中和华东地区。和印度的苦茶相比,中国茶树的产量偏低,但胜在稳定,特别是相对比较抗旱和抗寒,二者总体打成平手。

泡一杯绿茶静静品味,如今即便在西方也是一种精致而简约的表达和沉思冥想的享受。这种简单的饮茶方式在唐宋时期却非常另类。当然现在常用的加工方法(杀青、揉捻、干燥和发酵)也和那时截然不同。直到 13 世纪茶叶的加工程序往往如下,在新鲜茶叶采收和按质量分级后分三步加工:(1)蒸茶;(2)捣烂或是压榨,揉搓;(3)用模子压制成致密的圆饼或是方砖式样。在冲入热水前必须先用茶碾或是舂钵细细碾碎,然后用筛子筛过好多遍。偶尔也有先烤茶这道工序。

佛教僧侣为饮茶的推广起了很重要的推动作用。特别是注重冥想的那一宗的弟子,一杯新泡的茶可以使他们保持半清醒状态。热水冲泡茶叶后的第一分钟,茶叶中的咖啡因最先被激发释放出来,而具有镇静作用的鞣质的作用则来得稍晚一些。估计最初是佛教的高僧和他的僧徒们把茶叶作为寺庙特供引入并求取,后来慢慢地受道家和儒家影响的精英们也学会了这种享受:

一碗喉吻润,二碗破孤闷。

三碗搜枯肠,惟有文字五千卷。

四碗发轻汗,平生不平事,尽向毛孔散。

五碗肌骨清,六碗通仙灵。

七碗吃不得也,唯觉两腋习习清风生。[1]

---

① 卢仝《走笔谢孟谏议寄新茶》(约 835)。

等到大部分人都能负担得起这种享受时，自然是已经经过了一段时间以后。最迟到宋朝时期，即便是边远的小县，也可以享受这种"甘露玉液"了，这一点，遍布城乡的无数茶馆可以为证。

注子温碗(江苏镇江登云山，12世纪)[1]

人见其醉，而吾中了然，盖莫能名其为醉为醒也。[2]

---

[1]　图片来源：中国历史博物馆《华夏之路》(北京，1997)第三卷，第287页。
[2]　苏轼《和饮酒》(1092)，转引自《东坡续集》(上海，1936)第7b页。

24. 羊羔酒和其他酒精饮料

位于现在的江西省,始建于宋朝(1004 年)的景德镇瓷窑,在后来的各个朝代一直是中国最负盛名的高品质陶瓷生产地之一。景德镇如此出名,不仅是因为它优越的地理位置——它紧邻出产纯正高岭土的高岭村,不远处有森林,可提供烧窑用的木柴,交通便利,靠近河流,运输方便;更是因为它大量出口的青白瓷,又叫做"影青",它的釉料中含有少量铁元素,经过烧制后呈现一种神秘的浅湖色。

这件 1983 年出土于镇江的南宋注子温碗(高 23.9 厘米)就属于典型的青白瓷。这个花瓣式样的碗是用来盛热水的,这样置于碗中的壶里的酒就可以被加热。古代中国人喝的这种酒在西方文化中往往被翻译为"葡萄酒",其实这更应该被称为"米酒"才对。说到底这种酒不是用含糖量高的水果自己发酵而成的,而是用含淀粉量高的粮食加入添加剂发酵而成的。

在整个帝制时期,酿酒原料主要是小麦、大米、谷子和大麦。通过不同的酿造工艺可以得到所期望的不同口感,另外还常会加入各种香草和调料。在 12 世纪时,不仅会用到姜、肉豆蔻、小豆蔻、丁香、桂皮等,而且还有加入羊肉的——即闻名全国的"羊羔酒"。当时大部分酒名都带有隐喻,比如"玉沥酒""眉寿酒",甚至"长春酒"。

大宋帝国的酒水在大城市里主要是在数不清的酒楼中售卖,其中一些装修豪华,堪比皇宫,拥有上千席位。在地方上,虽然受酒水专卖权的限制,大部分酒水还是通过小饭馆卖出,实力强的饭馆通过预先缴税取得中间交易权。另外一些酒楼直属于官方财政部门,他们不满足于只卖酒水,还希望有更多额外收益,于是引进了娱乐女艺人甚至是妓女助阵。

绝大部分酒楼,包括安静的小酒馆,都额外提供丰盛的大餐。这里我只列举一小部分:各种汤(鹌鹑肉或蟹肉作为配料),饺子(猪肉馅、鱼肉馅),海鲜(贝类、螃蟹),禽类(主要是鸡、鸭),烤肉(羊肉、兔肉),水果(时令),干果(杏仁、核桃)和甜点(包括奶糖)。一部分酒楼有自己的厨房,也有很多酒楼允许客人从外面叫外卖。和酒楼及流动餐饮外卖者合伙的往往还有"焌糟",她们是街坊妇人,游走于桌间,为客人换汤斟酒,提供服务。还有"赶趁",她们卖唱逗笑,挣点小费。

有人可能会觉得,这样的地方岂不是太吵闹了。然而,一如自宋朝开始出现的茶馆,有品位的思想交流绝对没有从这里逃走,即便是有时候讨论会因醉酒而陷入混乱。私家宅邸里的会客室和书房当然能够提供更好的环境。有时即便是在空旷自然中,也能自娱自乐,比如好几百年前,李白在他的诗里这样写道:

花间一壶酒,独酌无相亲。

举杯邀明月,对影成三人。

月既不解饮,影徒随我身。

暂伴月将影,行乐须及春。

我歌月徘徊,我舞影零乱。

醒时同交欢,醉后各分散。

永结无情游,相期邈云汉。[①]

传说这位诗人后来在船中喝醉酒,去水中捞月,因而溺水而亡。当然这只是一个传说,和无数其他有关诗人死因的传说相比,更有文学意境,而不是基于历史事实。

李白提到的酒可能不只是米酒,还有可能是葡萄酒。尽管通过汉语中"酒"这个笼统的名字我们无法知道是哪一种酒,但是历史记载表明,唐朝时期对作为酿酒原料的葡萄的需求增长极快。这个时代的首都居民对这种来自"西方国家"的洋酒

---

① 李白《月下独酌》(约 744),转引自《李太白全集》(北京,1977)第二卷,第 1062 页。

很感兴趣,巨大的需求导致这种时髦饮料的生产一部分转移到中国中部地区。

烧酒直到元人统治后才被广泛接受。尽管生产高度酒的历史要远早于此。出自汉朝砖雕上的图像是否就是描述蒸馏技术的,这个目前还有争议。但是撇开何时才有生产高度酒的技术不谈,我们可以简单就高度酒的传播和用途做一番探讨。我们可以试想一下鸦片,作为麻药它很早就被使用了,而作为毒品,则是在皇帝时代的最后一个世纪才大量上市。

唐墓壁画上的男女人物（陕西韦曲韦氏家族墓，8世纪）[1]

若黄帝已上，衣鸟兽之皮。其后人多兽少，事或穷乏，故以丝麻布帛而制衣裳。[2]

---

[1] 图片来源：张鸿修编《唐墓壁画集锦》（西安，1991）第163页。
[2] 孔颖达《周易正义》。

戊 子

25. 时尚的力量

    韦氏家族在唐朝时属于对皇室最有影响的望族之一,居住在首都长安南侧。尽管犯过错误,但在历史上还是记载了他们的家族墓地。1986 年,考古学家在南里王和北里王附近发现了这处墓地。墓道和墓室内绘有壁画。南墙上绘有一男一女形象。人物身上所穿服装样式,是判断出该墓葬所处年代为 8 世纪的关键证据。

    这两个人是否为墓主人夫妇,如今已无法证明。但这是有可能的,即便从他们的着装上看不出和仆人们有多大区别。从唐朝宫廷礼仪来看,当时贵族阶层喜欢穿非正式却舒适的衣服。这两个人的穿着正是符合这个特点的:男子戴头巾,穿束腰的上装和靴子;女子穿长裙,外罩长袍,鸟嘴形鞋。两人都把双手笼在长长的袖子里。

    假如他们地位很高,他们的衣料则很可能是蚕丝质地的。此外用来作为纺织品原料的还有各种麻纤维,如大麻、苎麻、黄麻和蕉麻。棉花虽然已经被发现好几百年了,但直到宋代才在纺织品原料市场上占到较大比重。羊毛只在很少地区被加工使用。

    纺纱技术在中国从新石器时代到 20 世纪几乎没有太大改变,一直使用手工纺车。纺车由转盘和手柄组成。这种纺车尽管在宋朝才推广到全国范围,但其实在汉朝时期就出现了。最迟到公元前 2 世纪时,踏板织布机已投入使用。这种织机可以织麻布、斜纹布和缎子等贵重织物,如纱罗、绉纱、锦缎、花缎和织锦等。那时使用的染料有靛蓝、茜红等,在添加不同金属盐后,可以得到相对多种的颜色。

在7—8世纪,时尚流行的变化非常巨大。以往以瘦为美的观点逐渐变成以丰满为美。女装从以前那种胸以下部分紧窄束带的长裙变成飘逸下垂的长袍。这种变化导致在后来长时间内各种不同式样的出现。有些式样甚至会导致误事,以至于唐文宗(827—840在位)不得不发布了一项法令来限制增加的布料消费。另外唐朝的社会风气非常开放,有时贵妇们甚至会穿上男装,如头巾、裤子和靴子等,当时男女内衣差别本来就不大。

官员们出席正式场合时必须穿合乎礼仪的正规礼服。其衣料、颜色和配饰等细节都有固定制式。周瑀(1222—1261)墓出土的丝绸制品为我们提供了以朴素闻名的宋朝官员服饰的样本:一顶纱罗制的官帽,多件长及脚踝的长袍,带衬里的外套,及膝的上装,防护性质的裹裙,胸巾,内裤,袜子和鞋。

同样是在宋朝,裹脚的风俗开始兴起。首先是在上层家庭,女孩小时候脚趾被折弯,用布带绑在足底,时间一长足骨变形,整个脚会缩成一团。尽管当时女孩穿的"金莲"还没有清朝晚期那么窄小,但女孩承受的痛苦毫无区别。这种残害女性肢体的原因让人很难理解。除了一个很可疑的所谓美观的原因外,可能还有两个重要缘由:一是通过裹脚使女性行走不便,限制其活动范围;二是贵族家庭以此展示其与穷人不同——女人不必参加体力劳动。

草帽和草鞋主要是农村人用的,并非上层人士的必需装备,这并不奇怪。贵妇们本来也很少戴帽子。一种带有宽帽檐和面纱的帽子在唐朝时曾有一阵非常流行,深受贵妇喜爱,这种显得很有异国情调的帽子在那时曾站在时尚潮流顶端。平时女人们大多喜欢把头发高高挽起,梳成各种不同的复杂发髻。各种头饰如小梳子、簪子以及金丝编织的首饰常被用来引人注目,有时它们被组合在一起,如同冠饰。

为了掩饰岁月的痕迹,贵妇们往往会用假发和染发剂来应对脱发和白发的困扰。由于一些化学混合物导致的副作用不在少数,有时不但不能使人永葆青春,反而会导致英年早逝。同样的危险也可能存在于颜色鲜艳的化妆品中,特别是在处于开放阶段的唐朝,当时的女人们特别爱在脸上涂抹各种花样。女人们常用的首饰有戒指、手镯、项链、胸饰和耳环等。

男人们最注重的是腰带和腰带上的装饰片、带钩和挂饰。在非正式场合就把头发在脑后挽一个发髻，用带有头巾的发带绑起来。在正式场合时，从皇帝到普通官员都戴一种丝质帽子，上面刷有颜色，这种帽子代表政府权威，普通百姓无权使用。

莫高窟 231 号窟壁画(甘肃敦煌,8 世纪)[1]

鸟语情不堪,其时卧草庵。樱桃红烁烁,杨柳正毵毵。旭日衔青嶂,晴云洗渌潭。
谁知出尘俗,驭上寒山南。[2]

---

[1] 图片来源:胡同庆《敦煌石窟艺术:莫高窟第一五四窟附第二三一窟(中唐)》(南京,1994)第 158 页。
[2] 《寒山子诗集》(北京,1929)。

26. 自然与环境

　　莫高窟位于敦煌东南 25 公里处,始建于公元 4 世纪,以其保存完好的高质量壁画闻名于世。第 231 窟壁画绘于大约 8 世纪末到 9 世纪中期。当时敦煌属于吐蕃帝国领地。然而此洞窟西面墙壁上描绘的高耸如云的山峰明显是中国传统画风。这幅画面上画的是文殊菩萨和他的信徒出家修行的地方,和本文开头引用的寒山诗里描述的一样,远离红尘在大自然中修行。

　　在这幅画里,大自然被描绘成可以从生活中撤退的后方,一个佛教徒静修和找寻自我的地方。自然环境的重要性在这里排在后面,作者更想突出的是被生活压迫而想逃离的思想状况。他们和另外一些从社会生活中逃离的人、大多信仰道教的人的感觉其实区别不大。大自然会为他们提供庇护,这种乐观的思想并非是从远古流传下来的。

　　在汉朝时更受称赞的是经人力改造过的风景。这种思想达到巅峰的产物即皇家猎场,在这种苑囿中到处是带有象征意义的石制品,还有少量植物和一些少见的珍禽异兽,它们组成了一个小世界。这可以清楚地展示皇帝统治天下的权力。也有富人营造私家园林,在园林中放置自然山石,引入水流,其中往往建造亭台楼阁,原则上要依地势而造。尽管在造园时讲究一点师法自然,但全面来看,当时赞美自然风光的声音还是不高。更多的是描述自然环境的险恶,如:

　　　　上山采薇,薄暮苦饥。

　　　　溪谷多风,霜露沾衣。

野雉群雊,猿猴相追。

还望故乡,郁何垒垒。 [①]

不管人们对于大自然最先的感觉是思考还是惊惧,这种原始的自然还是过于强大了。在山水画中也有体现,大部分画面总是被山林树木占据,即便有人物,往往也是非常渺小和不清晰的。公元3世纪初曹丕写下的诗句中有"野雉群雊",这往往是不幸的先兆,预示着灾难即将降临。各种天灾如寒潮、热浪、冰雹、暴雨、旱灾、洪水、地震、雪崩、蝗灾和饥荒等,不仅威胁着受灾人群的生命安全,也损害着皇帝和王朝的威望。因为人们认为天灾是上天表达其不满的方式:

今陛下即位已来,日月失明,星辰逆行,山崩泉涌,地震石陨,夏霜冬雷,春凋秋荣……陛下视今为治邪,乱邪? [②]

公元前43年,大臣京房以此言论上奏皇上,这种明显的批评在宫中不出意料的不受欢迎。这并不妨碍之后高官们继续表达他的这种观点。但也没持续多久,因为几年后他就为此被处决了。

公元759年,在非常艰难地攀登过一座高山后,诗人杜甫愤恨地谴责上天,并威胁说要铲平大山。他提到了传说中的愚公,因不满两座高山挡住视线,自己动手要移走高山,并在天神帮助下最终达到了目的。尽管这只是个传说,但这并不妨碍毛泽东也引用了这个故事,来强调只有坚持不懈,才能战胜看起来无法克服的困难,从而开辟一条新的道路。在这里,人类还在为能够战胜自然而欢呼,却根本不为此烦恼。

皇帝统治下的中国是一个农业社会。由于国家大部分地区不适合耕作,所以可耕作区域被过分利用。大部分时候不会考虑脆弱的生态结构。单是粗暴的砍伐森林就会导致可怕的后果:不仅使空气恶化,而且也使土地遭到破坏。比如由此增加的水土侵蚀导致许多地区经常发生沙漠化和洪水侵袭。早在公元前2世纪,淮南王刘安就提到了这种可怕的后果:

① 曹丕《善哉行》,《上山采薇》。
② 《汉书》卷七五。

逮至衰世,镌山石……消铜铁,而万物不滋……焚林而田,竭泽而渔。人械不足,畜藏有余,而万物不繁兆,萌牙卵胎而不成者,处之太半矣。积壤而丘处,粪田而种谷,掘地而井饮,疏川而为利,筑城而为固,拘兽以为畜,则阴阳缪戾,四时失叙,雷霆毁折,霣霰降虐,氛雾霜雪不霁,而万物燋夭。[①]

自那时起,虽然间或会努力改善,但环境恶化并未得到很大改变。与之相反,在过去几十年间,环境负担迅速增大了。

---

① 刘安《淮南子》卷八。

帛地图（湖南马王堆 3 号墓，公元前 2 世纪）[1]

凡兵主者，必先审知地图。镮辕之险，滥车之水，名山、通谷、经川、陵陆、丘阜之所在，苴草、林木、蒲苇之所茂。[2]

---

[1]　图片来源：傅举有、陈松长《马王堆汉墓文物》（长沙，1992）第 152 页局部。

[2]　管仲《管子地图》（公元前 7 世纪，实则成书可能不早于公元前 2 世纪）。

27. 科学之路

1973 年在长沙附近发掘的马王堆 3 号墓,其墓主人可能是长沙国丞相轪侯利仓的一个儿子,死于公元前 186 年。墓主人生前地位崇高,墓中出土的三幅帛地图也为此提供了佐证。这一幅驻军图高 78 厘米、宽 98 厘米,上面标明了军队驻地和防区,肯定不是普通人能拥有的。另两幅图上描绘的是跨越今天湖南、广东和广西广大地区的地形图和疑似长沙的城邑图。三幅放在一起,不排除是为军事目的服务的。

绘有山脉和河流的地形图比例尺约为 1:18 万,驻军图比例尺约为 1:9 万。这意味着,地形图上的 1 寸(约 2.4 厘米)大约相当于 1 里(约 423 米)。由于所绘地区地形起伏较大,目测观察很难,绘图者必须拥有高超的测绘方法。坐标、稳定保持的比例和距离说明,这些在公元 3 世纪裴秀提出之前还没有投入使用。裴秀制定的绘图法则被后人至少使用了一千年。按照文字记载,在那时已经出现了里程表。按照车子结构有规律地计算行驶过的里程的里程计到宋朝才投入使用。马王堆出土的三幅地图都指向南方。这是出于当权者的政治需要,他们在接受朝见时总是要坐北朝南。据说在这个时代罗盘也出现了,但目前还几乎没有实证。尽管后来这种被叫做指南针的工具非常出名,但在汉朝它的首要用途还是被风水师用来寻找合适的墓地。此外,当时也会通过观察太阳和阴影来定位子午线。

更重要的是,在当时观天象也是地形学的组成部分,在当时天文学和占星学分得还不清楚。也是在马王堆 3 号墓出土的一份手书资料,配图说明了五大行星(金星、火星、木星、水星、土星）运行轨迹并且和彗星做了分类。能够正确掌握和解释这些天文现象对皇帝有重大意义，除了陨石、新星和极光之外，在灾难来临时，可以通过预言天文现象来表明皇帝受到上天委托来消除灾难。

公元 2 世纪，用来确定天文坐标系统的浑天仪的制成是一桩引人注目的重大事件。这件仪器由四个青铜环组成，通过它可以解释天体运行概况。他的设计者张衡（78—139）还发明了地动仪，据说可以成功地测量到发生地震并确定方位。张衡不仅是著名的数学家、物理学家和天文学家，作为画家和诗人，他也为同时代的人所称道。另一方面，他也作为高官管理着国家。和那时深受儒家影响的学者完全不同，他的学识能力远远超出了作为一名普通官员所需要的。

在农业领域也有新发现，不仅在工具革新上，也有在指导思想方面。比如完成于 540 年的《齐民要术》，是一部指导农业生产用书。作者贾思勰，曾在山东做高官。公元 880 年诗人陆龟蒙写的《耒耜经》详细记述和说明了犁的各部分构造和功能。还有一些农业工具被有创造力的官员发明出来。只是署名作者身份和传说中纸的发明者的身份一样，都不怎么可靠。可以肯定的是，这些发明创造肯定都得到了士人们的大力推动和系统整理归纳。

水利建设方面的管理和新发明的结合明显要强得多。即便水利研究上的创新结果让官僚们完全没有机会和自己扯上关系，可是由于生态和经济上的巨大需要，必须要有政治上复杂组织工作的配合。说到底许多地区有巨大的规律性需求，不光是农田灌溉和排水，更重要的还有防洪和运河开凿等。

特别是在为了防洪建堤坝时，数学知识有很大用处。然而对于知识分子来说，数学知识意义不大，因为在官方考试中数学长期以来只占据从属地位。许多规律因此并未进行严格的科学论证，而只是通过实践得出。然而这种实用主义并没有明显缺陷，因为在中国历史上许多科学问题的解决要远远早于欧洲。被西方视为中国算术象征的算盘，它的历史倒没有想象中的一千年那么古老，它现在的样子最早出现在 14 世纪。

在古代，中国化学的历史有特殊的背景。首先与道教关系密切。道教信徒为了追求长生不老致力于炼丹。尽管吃了他们炼的金丹往往死得更快，因为他们常在炼丹原料里添加有毒的砒霜和水银。但是他们还是在炼丹时取得了一些化学方面的初步经验，并有一些致命的产品，其中最有名的就是火药。

带有异族人像和时辰标记的都管七国六瓣银盒(陕西西安,8 世纪)①

自古有国牧民之君,必以钦天授时为立治之本。黄帝、尧、舜以至三代,莫不皆然。为日官者,皆世守其业,随时考验,以与天合。②

---

① 图片来源: Dieter Kuhn《中国的黄金时代——唐朝(618—907)和丝路遗产》(海德堡,1993)第 149 页。
② 李谦《授时历议》序,转引自苏天爵《国朝文类》(1337)卷九。

辛 卯

28. 稍纵即逝——对时间的思考

这个带有花纹的银盒有多个部分组合而成,1979 年出土于西安交通大学校园内。银盒直径 7.5 厘米,高 5 厘米。表面绘有多个异族人像,有印度人、藏人和朝鲜人,另外还有神话传说中的"乌蛮人"。出土地点位于唐代首都靠近东城墙的兴庆宫内。应该与皇家有密切关系,正如银盒盒盖中间写有"都管七国"字样。其外形和加工工艺以及道、佛、儒三教合一的主题风格表明,该银盒应制成于公元 8 世纪。

盒身和盒盖四周包围着一条分为六幅图的装饰带。上面绘有几个世纪前从西方或南亚引进的十二生肖图案,并标记有与之相应的十二时辰题榜。

银盒上生肖图和对应的时间与描述

时间表	描述	生肖	时辰
23 点起	半夜	鼠	子时
1 点起	鸡鸣	牛	丑时
3 点起	平旦	虎	寅时
5 点起	日出	兔	卯时
7 点起	食时	龙	辰时
9 点起	禺中	蛇	巳时
11 点起	正中	马	午时
13 点起	日昳	羊	未时
15 点起	哺时	猴	申时
17 点起	日入	鸡	酉时
19 点起	黄昏	狗	戌时
21 点起	人定	猪	亥时

在唐代还没有星期的概念。更多的是使用一种 60 天循环一周的天干地支法来记录日期,同时使用按顺序命名的十二个月份。一年分为四季,并按照天气变化分为 24 个节气。每个节气里还可以再分为三段,每段五天。新的年份一般自新的王朝建立起计算,也可以用天干地支法来记录。

确定时间不仅在农业生产上有重大意义,而且在政治宣传上也很重要。为了显示确定标准时间的重要性,汉朝时建立了一座用来沟通宇宙和大地的神圣的大殿叫做"明堂",在西方往往被翻译为"历法堂"。皇帝在此宣布季节的变更和月份的开始。如果我们能够真正体会这件事背后的意义,就会发现,这项仪式并非——或者说不全是——为了宣布已经确立了的时间变化,而更多的是为了展示皇帝可以主宰或者至少可以影响岁月的脚步。

换句话说,政令须顺应天时,或者说只有政策灵活应变,才能保持统治长久。在这里统治和时间是相互影响的,皇帝希望总是能够找到正确的时间来举行相应的政治活动,因此天文学家的观测和历史书里的记录是最重要的基础。

最能体现皇帝调整时间的权力的,是代表新一轮纪年的方法的更改和颁布。从公元前 2 世纪到公元后 14 世纪之间,新纪元的颁布不再与新皇登基有必然联系(14 世纪后恢复)。更多是设定一个年号,同一位皇帝在位期间可能会使用多个年号,年号具有象征意义。比如在危机时刻通过颁布"天授"之类的新年号,使王朝复兴并开启新时代,同时颁布新历法也并不鲜见。

基于这种原则,通常不止是正统的统治者会颁布新年号,侵略者、篡位者和叛军首领也会如此,甚至还有受中华文化影响的邻国君主,如日本、朝鲜和越南。统治合法性与年号的多寡并无明显关系。历史上使用年号最多的是武则天(16 个),她本是皇帝的妃子,于 7 世纪末登基,成为中国历史上第一位也是仅有的一位女皇帝。

通过一个事件可以更好地阐明时间、年号和统治需求之间的联系。这件事发生在 11 世纪末期,当时的大臣苏颂(1020—1101)制作了一个被称为"水运仪象台"的计时仪器。这个仪器是当时最先进的科技成就之一。然而仅仅过了几年之后,许多和宫廷关系密切的人们都要求销毁这件仪器,理由是:这个仪器在按旧的年号(通常是在同一皇帝期间颁布的)报时。最终由于皇帝的信任,这件仪器没有被销毁。

从年号上不能直接分辨出新纪元的建立,所以在中国的帝制时期,很难算清一个比较长的时间范围。要确立一个时间的起点,大约和罗马人"略由罗马建都起算"的方法差不多。可也不太准确,因为和改变年号一样,中国的首都也是经常变更的。

佛教也没给中国带来新的纪年方法。不像基督教和伊斯兰教,在它们占统治地位的地区,都是从一位重要的宗教人物的降生开始计算时间,在中国从来没有这样一种和宗教的联系。反之,在中国争论的目的主要是为了确定历史上的佛存在于中国历史的哪段时期,这至少可以用我们这个世界的时间来记录。按照佛经里说的,在别的世界,时间标准和我们有很大区别,比如天上一天相当于我们的100年,而在地狱里则是48万年。

权与量(陕西西安周边，公元前 3 世纪)[1]

皇帝作始。端平法度……器械一量，同书文字。[2]

---

[1] 图片来源：Jutta Frings《西安——皇权在彼岸的权力：中国古都的墓葬文物和寺院宝藏》(美因兹，2006)第 141 页。
[2] 公元前 221 年和 210 年的石刻拓片。

29. 规矩和权力

这两件量具在离西安不远的秦都咸阳被分别发现。一件是体积量具,不算把手长 20.8 厘米,宽 12.5 厘米,高 7 厘米,出土于礼泉南阳。另一件是重量量具,底部直径 12.9 厘米,高 9.5 厘米,出土地点不详。这件铜权内灌有铅,重 7.615 公斤,应该是当时的重量单位钧。而青铜铸造的体积量具可容纳 980 毫升,应该是代表半斗。

秦朝官方重量单位换算

1 石 =4 钧 =30.72 公斤

1 钧 =30 斤 =7.68 公斤

1 斤 =16 两 =0.256 公斤

1 两 =24 铢 =0.016 公斤

1 铢 =0.00067 公斤

秦朝官方体积单位换算

1 斛 =10 斗 =20 升

1 斗 =10 升 =2 升

1 升 =10 合 =0.2 升

1 合 =0.02 升

秦朝官方长度单位换算

1 里 =300 步 =423 米

1 丈 =10 尺 =2.35 米

1 步 =6 尺 =1.41 米

1 尺 =10 寸 =0.235 米

1 寸 =0.0235 米

两件量具上面都刻有简短的引自皇帝诏书的文字。在这件体积量具上标明了使用地点为北宫,这属于皇宫的一部分。相同的字句被刻在一大批公元前 3 世纪末期的量具上,所用字体为小篆。小篆的使用同秦法的编纂、货币的统一以及车辙宽度的标准化一起被视为那个时代人们为了统一所做出努力的象征。作为帝国的建立者,秦始皇帝要制定的不仅是一部在稳定发展的帝国内部方便流通的统一度量衡规则,他是为了给市场制定统一的计量单位吗? 现代人会觉得这不就是消费者保护吗? 这些皇帝可能是不在乎的。为了保证税收稳定? 这也不是皇帝首先考虑的。皇帝更多的是想要通过各种方式展示他的权力,用这种方法形象地表明帝国的一统和对其统治地位的认证。一块立于公元前 121 年的石碑,上面记录了始皇帝的一次出巡的故事,其内容体现了这些思想:

> 皇帝作始。端平法度,万物之纪。……普天之下,抟心揖志。器械一量,同书文字。①

考古发现证明,即便是在严刑峻法的秦朝,形状相对稳定的计量单位,其准确度也在所难免的有很大波动。比如出土的公元 3 世纪末的重量单位,标记为 1 斤,标准应为 256 克,其实际重量在 234.6 克到 273.8 克之间波动。在体积计量单位升上面也有类似问题。这些"测不准"一方面是由于对铸造工艺掌握得不充分或者金属腐蚀所导致;另一方面,正如同时代的法律条文中记载的,一些官员或者私人为了最大限度地谋取私利而故意操纵计量单位。

重量单位("两"或"铢")在秦汉时代原则上也代表铜币的价值。但只是原则上! 因为仿制品的重量明显轻于其写明的应有重量。还有些掺了铅或铁来增加重量的伪币。这些钱币都大量流通,各地有所不同,却从来无法根除。公元前 175 年

---

① 琅琊台石刻,Martin Kern《秦始皇的碑刻》(纽黑文,2000)第 24 页。

有大臣在奏章中抱怨道:"民用钱,郡县不同。"[1]后来一些时期也暂时性地使用过很多不同的货币形式。

考古发现也证明,所谓车同轨也只是在很有限的范围得以实现。除了大城市及其临近郊区,这个统一标准也只是在有特殊的行政管理、经济或者军事需求时才被使用。一直到近代帝制晚期,这一情形也没有太多改变。反正必须抓住的只是"中国"这个名称在心灵上给老百姓的影响,而等级森严的中央政府在历史上很少有真正的基层组织。

---

[1] 《汉书·卷二四·食货志》,贾谊奏章。

束颈和系脚的铁镣铐(陕西郑庄,公元前 3 世纪)①

至于秦始皇,兼吞战国,遂毁先王之法,灭礼谊之官,专任刑罚。②

---

① 图片来源：中国历史博物馆《华夏之路》(北京,1997)第二卷,第 83 页。
② 《汉书·卷二三·刑法志》。

30. 法律和仁慈

1973 年，在陕西临潼附近，发现了一座秦朝时期的采石场遗址，出土了两具镣铐。出土地点离秦始皇陵很近，这引发了大家的猜想，这两具镣铐很可能是当时被用在建造陵墓的刑徒身上的。

服苦役是古代中国刑罚中常见的一种，其余还有流放、发卖为奴、鞭刑、杖刑、黥面、烙印、宫刑、劓刑和刖刑等等。同为死刑，也有不同的处决方式，比如斩首或者凌迟。相对而言，绞刑虽然很痛苦，却被看作为比较仁慈的处决方式，因为可以留全尸，这比较符合中国传统丧葬风俗和祖先崇拜理念。对于特别严重的罪行，法官不仅会判处行为人死罪，而且祸及全家。另外一些罪行也会牵连同事，比如下级犯错，则上级也须负连带责任。大多处罚会减轻。

最晚到秦帝国统一时，已出现了对审判的改革，审判被划分为几个清晰的步骤。在后来的朝代偶有改变。但这些秦汉时期形成的审判规则大抵成为后代发展的导向。写于约公元前 3 世纪到公元前 2 世纪的睡虎地秦墓竹简上记录了大量法律文书。在这些文书和一些历史文献中找到的记载的帮助下，我们得以复原当时的法律程序，由告发、搜索和逮捕等过程组成。在审问被告和证人时非常强调小心谨慎：

凡讯狱，必先尽听其言而书之，各展其辞，虽知其诞，勿庸辄诘。其辞已尽书而毋解，乃以诘者诘之。……诘之极而数诞，更言不服，其律当笞掠者，乃笞掠。①

---

① 《睡虎地秦墓竹简》。

这种刑讯基本上是指打板子,一般必须记录在案。假如只是一份供词,可能被法官忽视,有可能导致减刑或加刑的难点在于如承担责任能力、年龄、性别和社会地位,这些因素都必须仔细思量。比如妻杀夫、子弑父无论何时都是重罪,而相反夫杀妻、父杀子,至少在某些时期,则是属于轻罪。然而证据提供往往十分困难,最终判断与事实基础相互矛盾;在这些情形下,可以向上级主管部门提起上诉:

> 狱之疑者,吏或不敢决,有罪者久而不论,无罪者久系不决。自今以来,县道官狱疑者,各谳所属二千石官,二千石官以其罪名当报。所不能决者,皆移廷尉,廷尉亦当报之。廷尉所不能决,谨具为奏,傅所当比律、令以闻。[①]

一旦定罪以后,判罚的执行相对迅速。监狱的首要功能并非是为了给执行限制自由这一处罚提供长期居所,而是提供给在查嫌疑犯和待处决犯人的临时住处。除了少数例外,处决并非随时可以执行。特别是在新年伊始,开春和中秋抑或所有节日期间禁止处决犯人,甚至仅仅因为下雨也会导致处决推迟。

能够公开逃避处罚的一般(但并不总)是贵族阶层的成员。他们可能获得允许在家中自杀,轻微罪行可通过缴纳罚款脱罪。没钱的犯人则只能期待着大赦的到来。但无论如何总归有这种得到恩典的机会存在,并非一片黑暗。仅仅在唐朝就有174次全国范围的大赦。除了犯下"十恶不赦"罪行的是例外。这里的"十恶"不仅指造反和叛国之类,也包括乱伦和不孝等罪行。

违反丧仪规定,可能因此被处以等同谋杀罪名的重罚。至少在写于653年的《唐律》,这本流传至今的古代中国法律书中是这样规定的。《唐律》为后来的朝代制定了一个标准,而通过历代对其巨量注解的研究可以清楚地重现中国法律史。

要弄清那些被政府认为不太重要的、不正式认定有约束力的古代私法的形成和发展是更加困难的。当制定有关事务性、责任认定、家庭内部和遗产相关法规时,地区性的传统在这里非常重要。一批买卖合同,主要是唐朝和宋朝时期的,在敦煌由于沙漠干燥气候得以完整保留下来。上面至少涉及解约和不履行合约时的

---

① 《汉书·卷二三·刑法志》。

私下约定的惩罚性措施。但在这些合同里看不到如有违反合约该如何执行惩罚。在《唐律》中的一些段落中也有提及合同法，但也没有解释清楚具体的过程。

另外这部律法中用了很大篇幅来写有关偷盗、造假和诈骗。仿制物品和侵犯知识产权也会被判决，当然只是在侵犯了皇家权益时，比如复制皇家印章或是皇家特有的制造手法等。但不经授权扩散地理舆图、历书历法等会被严厉地处决，因为这会间接威胁到皇帝的合法执政权。只有皇帝才是时间和空间的掌控者。就此而言，当时首先重视的是对信息的控制，而不是对原作者著作权的保护。

采药人画像卷轴(山西应县,12 世纪)①

故人与其因循疾病而受欺于庸医好奇无验之害,不若稍知治身,摄生于安乐无事之时,以自养其天年也。②

---

① 图片来源:杨晓能《New Perspectives on China's Past. Chinese Archaeology in the 20ᵗʰ Century》(纽黑文,2004)第二卷,第481页。
② 叶梦得《玉涧杂书》(11 世纪)。

31. 长生不老的秘诀

建于公元 1056 年的佛宫寺释迦塔是中国现存最高的古代木质建筑。1974 年人们在检查塔身在"文革"浩劫中受到的损坏时意外发现了一个惊喜。在塔身第四层中央打开后发现了许多塑像,上面的标记显示它们出自 12 世纪早期,当时这一地区是在外族政权辽和金统治下的。

出土物品中有一个麻纸卷轴,长 70 厘米,宽 38.6 厘米。画面上是一赤足男人,背上负有一个装满草药的筐。左手持一药锄,右手一枚灵芝。画面上这个人到底是一个当时的采药人,还是传说中的药学之祖——神农,目前还尚无定论。神农之名从汉朝起就被无数药物学著作提起,许多书名上就带有神农。最早在公元 2 世纪末写成的《淮南子》中就有有关神农的记载:

> 于是神农……尝百草之滋味,水泉之甘苦,令民知所辟就。当此之时,一日而遇七十毒。[①]

虽然大部分中药是草药,但也有一部分动物和矿石之类。还有就是流传下来的药方,有各种药物的不同组合。很多所谓的金丹号称不仅能治百病,而且还能让人长生不老。其实这些金丹往往含有水银等有毒物质,对身体反而有害。这种风险也存在于一些人们迷信的所谓"全自然药物"中。目前这些产品经常出现在欧洲和美洲市场。

---

① 刘安《淮南子》卷一九。

传统中医在西方也很受欢迎，其理论与西医截然不同。传统中医理论大多建立在自汉朝起系统归纳的哲学理论体系之上。其代表思想是阴阳二气对立统一，五行生克(金、木、水、火、土)和社会组织秩序(等级制度关系)。建立在这个基础上的生理学首先分辨十二种人体器官，其中十种(肾、肝、心、脾、肺、胃、小肠、大肠、膀胱和胆)很容易识别，还有两种主要通过经脉传送，被称为血和气。

上世纪末在四川绵阳双包山 2 号汉墓出土的经脉木人引发了很大关注。该木人身高 28.1 厘米，光头裸体，黑色的身体上画着红色的经脉图，这些经脉就是对人体至关重要的血和气的通道。这个木人出自公元前 2 世纪，当时出现了许多医学著作，这个木人与之有关。只是当时这些理论还不完整，因为木人身上的经脉还没有完全在书中做出解释。

尽管如此，这个木人已经是轰动一时了，它比下一个三维经脉模型足足早了一千年有余。后出现的模型和这个木人主要区别在于，在经脉上已经标注出了穴位，双包山出土的这个木人身上只描绘了经脉，但没有针灸用的穴位图。穴位是否在汉朝这么早的时候就投入应用了，目前还有疑问。一则经常被引用的例证是从公元前 113 年去世的刘胜墓中出土的 9 枚金银针，但这也无法充分证明其功能。因为仅从外形上还不能断定其功用。

完全不用妄自菲薄，中医药的历史足以令人惊叹了。中医早在唐朝时就已经做到了最早的专业化分科，当时已经就妇科学、儿科学、眼科学、药理学和流行病学分门别类地进行研究了。当然也不是每一个实习大夫都能熟练掌握所有理论要求，也并非每个病人都这么幸运。诗人白居易用一首题为"戒药"的诗表达了这一思想：

> 生涯有分限，爱恋无终已。……暮齿又贪生，服食求不死。朝吞太阳精，夕吸秋石髓。微福反成灾，药误者多矣。[1]

---

[1] 白居易《戒药》(843)，转引自《白香山集》(上海，1933)第十卷，第 77 页。

有时如果救治无效，不仅病人去世，连医生也有性命之忧。特别是当有贵人患病，这种风险尤其巨大。比如公元 870 年，由于没能救活唐懿宗的长女，有二十名医生掉了脑袋。

刷牙的人（甘肃敦煌莫高窟 159 号窟壁画，9 世纪）[1]

嚼杨枝时，当愿众生：其心调净，噬诸烦恼。大小便时，当愿众生：弃贪瞋痴，蠲除罪法。[2]

---

① 图片来源：谭蝉雪《敦煌石窟全集·民俗画卷》（香港，1999）第 74 页。
② 实叉难陀译本《华严经·净行品第十一》（7 世纪末）。

32. 从刷牙到如厕阅读

　　敦煌壁画大多是佛教题材，其中也有些反映寺庙生活的内容。比如159号窟南墙上的这幅大约画于9世纪初的壁画，画面上是一个和尚在洗漱。他光着上身，左手拿着水瓶，右手正在刷牙。和尚旁边站着一个衣衫整齐的侍者，手里拿着毛巾在晾干的样子。那时人们刷牙主要用小树枝，首选是李子树枝，一头咬开，用咬开的软毛刷牙。牙签那时也有，特别贵重的有金或银质的。用植物和矿物原料制成的牙膏也出现了。牙刷和牙线的使用则相对要晚一些。

　　在146号洞窟顶上绘有许多正在清洗上身和头部的男人，大约绘于稍晚的一个世纪，他们清洗用的水在一些靠近放着的巨大的盆里。另外在302号洞窟里画有两个人在一个小池塘里做他们的清洁工作，池塘上面还撑着伞盖。这一幅大约绘于将近7世纪时。同时期的文字记录表明，当时的人们洗澡时常用不同的混合物作为清洁剂，基本原料多是豆科植物和香草。

　　虽然早在公元前3世纪，大型浴池的建造已不是问题，但真正的洗浴文化还是跟佛教一起传入中国的。因此也就不奇怪，崇信佛教的后赵君主石虎令人在首都邺建造了规模宏大的洗浴场所，甚至需要通过引水沟来供水：

　　　　又太武殿前沟水注浴时，沟中先安铜笼疏，其次用葛，其次用纱，相去六七步断水。又安玉盘,受十斛。又安铜龟,饮秽水出后……又显阳殿后皇后浴池上作石室,引外沟水注之,室中临池,上有石床。[①]

对此在其他史料上也有相关记载,比如洗浴用水在冬天可以加热,还有数不清种类的香料可以加入水中。这类豪华的,或者说专门腐化堕落用的浴池,和那种往往带有硫黄味,据说有各种神奇功效的温泉浴池一样,数量都相对比较少。常见的大众浴池,到宋朝时普遍分布在广大佛教寺院中。

莫高窟第290号洞窟里的一幅壁画上居然有一个人正在大便的场景。她蹲在一个小隔间里的坑上。从建筑角度来讲,汉朝的陶制模型里就有厕所的设置,那时的厕所多是建在猪圈上,目前还没有发现其他更合理的类型。同时代的墓葬中也很少见有厕所的设计。估计在那时至少在乡下,大部分人都是在野外解决问题。单独建一个作为厕所的小房子实属凤毛麟角。类似古罗马人建的那种堪称宏伟的公共厕所,在中国还从未见过。

此外,许多人认为厕所是妖魔鬼怪藏身之处,所以不愿意去。实在憋不住要去,为了克服恐惧感,口中要念着佛经。在厕所门口最重要的沟通方法是打响指,要么是表示要进来了,要么是表示已经有人了。甚至连正确的如厕姿势也有规定:双腿平行下蹲,身体不能倚靠,双目向前平视。如厕时严禁以下行为:过量用水清洗身体;过多用土掩盖茅坑中的粪便;在墙上涂鸦。禁止的行为甚至包括:"不得大咽使面赤。"[②]

11世纪的著名人物欧阳修在他去世前写的一本奇闻异事集里提到了一位儒

---

① 陆翙《邺中记》(约4世纪中期)卷一。
② 道世《法苑珠林》(668)卷九四。

士躺在床上和上厕所时都用功读书的事例,并补充写道:"余平生所作文章,多在三上,乃马上、枕上、厕上也。盖惟此尤可以属思尔。"[①] 由此可见,相比大部分人都没有厕所用,这两位老先生倒是都有厕所可上的。

---

① 欧阳修《归田录》(1067)卷二。

西域人骑驼陶俑（山西长治王琛墓，7 世纪）^①

雇五岁文驼一头，断作驼价官布十六疋……到日送纳。驼若路贼打、病死，一仰
要同行见盟。或若□□押损走失，却不干驼主之事，一仰修造知当。^②

---

① 图片来源：中国历史博物馆《华夏之路》（北京，1997）第三卷，第 67 页。
② 敦煌出土手书合同文本（约 9 世纪），转引自 Jaques Gernet《Location de chameaux pour des voyages, à Touen-Houang》（巴黎，1966—1974）第 48 页。

33. 旅行和交通

　　这件近 90 厘米高的陶俑出土于 1954 年。这是同批出土的超过 40 件陶俑中最有意义的一件。其他陶俑有士子、军官、侍者和舞者，也有马、牛和一些农具。墓主人于 679 年下葬，姓名等信息在墓碑上可以看到。这是唐代的上层社会所流行的墓葬形式。

　　在中国的帝制时代，甚或更早时期就出现了宏伟宽广的大街，但它们只属于城市的一部分。林荫大道出了城外短短几公里往往就结束了，接下来马上就是坑坑洼洼的简易道路。手推车或者马车在上面都很难走，偏远一点的路段还有强盗威胁。

　　在帝国的广大区域内，很难建造可以通行重型车辆的长途道路。并非人们畏惧浩大的建筑计划——那些修在大山里的道路，真是宏伟壮观，有些是直接凿开山石，有些是用支架和铁链固定在岩壁上——只是有很多路段比较狭窄，较大的车辆和拉车的大牲畜无法通行。

　　在别的地区，特别是荒原和沙漠地区，根本就没有固定的道路，每一次通过都要寻找方向，只有经验丰富的领路人才能辨别。少量经验丰富的旅者这样确定方向，如在 5 世纪初横穿过塔克拉玛干的和尚法显所说："遍望极目，欲求度处，则莫知所拟，唯以死人枯骨为标帜耳。"[1]

---

[1]　法显《佛国记》（约 420）卷一。

重要的主干道上建有驿站。虽然也对有相关许可的旅人开放,但驿站的主要任务是为因公过往的官员提供食宿,许多驿站甚至还设有给路过囚犯提供的小房间。相邻的官方外交信使住宿区经常接纳私人寄宿,当然住宿条件大多不怎么舒适。旁边有小市场出售旅途必需品。商人出行通常在生意伙伴处住宿。不仅是游方僧人,普通人在途中也可到寺院借宿。

最迟到唐朝时,骆驼,准确地说是双峰驼成为中国北方占统治地位的运输工具。这种动物能忍受极端低温,而且特别适应穿行沙漠的旅程。因为它趾缝间生有肉垫,可以避免陷入沙中,长睫毛和可闭合的鼻孔使它不惧沙暴。这种体型巨大的动物对食物从不挑剔,硬草叶、小树枝来者不拒。驼峰更是一个绝妙的能量储存器。骆驼能很好地保持体温,对沙漠环境非常适应。它相对来说耗水很少,也可以在短短几分钟里喝进超过 100 升水来补充身体水分。它可负重 250 公斤每日行进约 30 公里,双峰驼甚至可在高温天气下最长两周不喝水。

按体重比例来说,驴子甚至能在更短时间内喝进更多的水来补充身体水分。除了对沙漠的适应性外,如对温度的适应性和日行进距离都接近双峰驼,毕竟长途运输时驴子的负重只是双峰驼的一半。因此驴子对长途货运的意义也不容低估。

在高山地区易饲养的驴骡(牡马和牝驴杂交后代)和马骡(牡驴和牝马杂交后代)因其突出的可靠性、忍耐力和无畏性备受推崇。在这种地区牦牛也是适用的运输工具。而马匹由于不适应天气条件和自然障碍,会在行进途中增加困难,使用很是有限。不同于紧急信使的短途急进,对于远途贸易来说,运输工具的持久性和对无补给的忍耐力比速度要重要得多。

即便有一些史料记载有不同的形式,但不能忽视的是,大部分负重动物在长途行进途中不是被骑着走,而是被人牵着走。从各地大量出土的作为随葬品的陶俑的胡须式样、帽子头巾和服饰上可以看出,这种运输服务掌握在中亚人手中,而且这种服务不仅存在于丝路地区。

还有一个重要因素不容忽视,那就是人力运输。在中国一直到 20 世纪,这还是最常用的运输方式。特别是在狭窄的小路和陡峭的山路上,扁担、支架和箩筐更能一展所长。在不太陡的山路上还有一种所谓的"木牛",也就是独轮车常被使用。货物可以放在轮子两侧和上方。在这种几乎无路的地区,真正的牛反而没有机会施展其拉车的本领,它们需要宽阔而坚固的道路。有机会时拉的车绝大部分是两轮车,四轮车很少见。

陶船模型（广州东郊，1世纪）①

其尾曰柂。柂，拖也。在后见拖曳也。且弼正船，使顺流不使他戾也。②

---

①　图片来源：王仁波主编《秦汉文化》（上海，2001）第275页。
②　刘熙《释名》（约100）卷二五。

34. 航海和指南

1955 年在广州东郊发现了一处东汉墓葬,从中出土了一个陶船模型,长 56 厘米,宽 15.5 厘米,高 16 厘米。在这艘船上已经出现了船舵,这项技术比欧洲早了一千多年。这艘船模做工细致周到,连船舵上的细节都清晰可见,船舵上有孔,通过这个孔它被安装在牵引支架上。同样精确的还有一个双臂锚,通过一个垂直绞盘固定在船头平板上。隐约可以分辨出有六名船工,分别被安置在船身两侧舱室旁边。

可惜在船模上找不到有关船动力的线索。有人猜测是用帆,可是船上既没有桅杆,也没有帆索。和其他汉代主要用桨驱动的船相比,这艘船也明显不是用桨驱动的。从左右两侧船舷往外突出这一点看来,有可能是给船工撑篙时站立用的位置。拉纤的可能也不排除,而用橹摇船这种方法则要晚很多才会出现。

这些细节表明,这艘船肯定是优先用于内河或是运河航行而不是海上。这并不奇怪,广州在汉朝时就可以通过水路和帝国统治中心连接。最重要的航路就是通过多条河流抵达长江然后继续北上,可抵达首都长安,往南则可以通过内河抵达现在越南首都河内附近的海湾。另外最理想的是沿海岸也有海上航路被开发出来。

即便古代中国的船长们要越过边境向南方进军,他们也要避开茫茫大海,尽管有考古发现表明,汉朝时就和印度洋地区有贸易往来。大部分货物是从海路运输的,但完成运输任务的船只大多来自亚洲别的地区。就算是南中国海周边的海岛如菲律宾和印度尼西亚,还都是到了唐朝以后才开始有组织地开发。而大规模的远洋航行要等到 15 世纪郑和带领的庞大舰队远航直至非洲海岸。

目前还不清楚,欧洲的旅者在 13 世纪来中国发现的两种船,舢板和中国式帆船,到底是何时出现的。尽管其大小、船身外形、顶棚式样等在各地有很大差异,但起决定性作用的帆大同小异:这些帆不是布做的软帆,而是用稻草或者竹子编制的席,中间用横杆来加强支撑。这种帆很容易收缩并降下,在季风来临或是台风到来时可以迅速做出反应。

一条船的坚固性取决于水线带船板的坚固程度,这里保护着船身外壳不受损伤。中国式帆船在船体安全性上,有一个真正的突破,这个新技术的应用在欧洲要等到 18 世纪,这就是水密舱的使用。在船体水线下部分用纵向隔板把船舱分成多个部分,当一处漏水时船还可以浮在水面。另一项技术也可很大程度降低船身受破坏的风险,那就是建造坚固的船肋结构,一方面可增加船身强度,另一方面有利于更多桅樯的设置。

公元 3 世纪作家所描述的四桅船和七桅船是否是在中国的船坞中制造出来的,现在还不清楚,有关那个时代的舰船制造我们现在知之甚少。尽管中国考古学家们 1974 年在广州发现了一处造船工场的遗址,它所处年代甚至早在公元前 2 或 3 世纪,但这也还无法确切证明。或许,这里的船台真的适合造那种大船。有 3 个并排的木结构船台,船台由两行平行的厚木板组成滑道,在滑道上竖立着架承船体的木墩。这确实曾是造船用的船台,靠南边一点的木料加工场也可加以佐证,在那里船用木料会在高温下弯曲,并用斧、凿等工具进行加工。

至少全国性的跨地区的造船学交流和航海设备的发展长期存在,尽管对于它们的起源和传播我们掌握得不如像罗盘的结构和历史那么精确。罗盘这种利用磁极指向的定位方法在中国甚至早在公元前就开始使用了,首先是风水师用它来寻找合适的墓地。直到 11 世纪我们才能确定,指南针作为定位工具被使用在航海中。在一本写于 12 世纪早期的书中有对此情况的描述,这在当时的广东已不是奇闻异事了:

舟师识地理，夜则观星，昼则观日，阴晦观指南针，或以十丈绳钩，取海底泥嗅之，便知所至。[①]

那时可能已经用一根高温强磁化的金属针来确定方向，用软木片托起针浮在液体表面上。指南针在 12 到 13 世纪间从中国通过阿拉伯—波斯地区传到西方。在西方这个发明很快继续得到发展，通过和罗经刻度盘的结合产生了罗盘仪。这是一种干式指南针，最终又通过西方海上霸权国家在 16 世纪中期作为一种新产品传回了中国。

---

① 朱彧《萍洲可谈》（1119）卷二。

肉铺（甘肃敦煌莫高窟第 85 窟壁画，9 世纪）①

业于饔者列饔饩、陈骈饵而苾然，业于酒者举酒旗、涤杯盂而泽然，鼓刀之人设高俎、解豕羊而赫然。②

---

① 图片来源：谭禅雪《敦煌石窟全集·民俗画卷》（香港，1999）第 43 页。
② 刘禹锡《刘梦得文集》（808）卷二五。

35. 游走市场——交易之乐

　　莫高窟大约有 500 个岩洞,画作的主题以佛教思想为主,然而一些画作至少从表面上来看违背了佛教的设想,涉及了日常生活主题。譬如 85 号岩洞壁画主题中佛教的严格的素食主义被打破了。处于东侧靠边区域的第 85 号岩洞的落款时代为唐朝,壁画展示了一所商铺,其中一位络腮胡子的屠夫正在剁肉。屠夫身后显示出一间存放了大量肉块的建筑物,其前一座台子的两端堆满了狗肉。

　　屠夫在肉摊前站着,这是中国市场的典型标志。这种场景不仅仅在下里巴人的乡下比较常见,据史书记载,即便是在唐朝的长安城东市也每日如此。虽然书面记载和考古发掘并不能不差毫厘地相互符合,然而至少从唐朝的建筑和官僚组织来看,长安城的商业中心可以确定范围。商业中心分为东市和西市,东市比较市民化,集合了三教九流的人物。东市既比邻于上层人物的住宅地区,又和红灯区为邻。西市国际化特色明显,通过丝绸之路到达长安的外国商人把西市作为落脚点。东市和西市各自囊括了大约 100 公顷的面积,由围墙围着。每一种商品都在特定的区域,精确地来说,在特定的行列出售。

　　两市所出售的货品有马鞍、铁制品、丝织品、药品和书籍等等,市场监管部门严格管理着买卖这些商品的从业人员。每个市场都有一个巨大的管理机构,这个机构隶属于财政部。市场监管部门负责颁发货品许可证、公证合同契约、调控市场物价、监管买卖计量、监控市场货币、监控商品质量以及盘问来访者。对于比较轻的违反规定的情节,市场监管部门甚至拥有法律裁决和惩罚的权力:

诸校斛斗秤度不平,杖七十。……诸造器用之物及绢布之属,有行滥、短狭而卖者,各杖六十。……得利计赃重者,计利,准盗论。贩卖者,亦如之。①

市场监管部门的长官玩忽职守没有发现市场上述问题,法律也会对长官处以严厉惩罚。然而,和中国其他部门一样,市场监管部门人手不够,所以全面的监管力不从心。因而,市场监管部门往往会采用非常手段洞察市场上的违法行为。譬如为数众多的中间商可以派上用场,他们可以以告密的形式汇报市场上的动向。出于行业原因,中间商往往对于游走在法律边缘的行径洞若观火。除此之外,市场监管部门还需要和行业协会的代言人保持密切联系,虽然在唐朝的记载中行会这个概念尚未形成严密的组织,还没有那么大的权力。

于朝廷而言,他们所看重的是货物的流动量,除此之外朝廷还致力于提升市场区域的服务性企业的质量。文书房、行李房,抑或酒肆茶馆和宾馆等服务型企业均可以为来往的商人提供清凉饮料、住宿以及娱乐活动。在东市,服务的走向值得商榷,一些女孩了除了出卖歌舞乐器演奏以外,显而易见还在从事暗娼的活动。而西市总是搅得朝廷上层心神不宁,那里集中了太多的外国商人。朝廷上层疑神疑鬼,用恐惧的目光打量着他们,常常把他们和一些谋反行动联系在一起。

从公元 6 世纪到公元 10 世纪,长安城一直比较繁荣的市场是东市和西市。此外还有一些别的小市场,不过它们的存亡兴盛也不过是几十年的光景。一些饭店和食品商店可以在单纯作为住宅区的城区存活下来。在唐朝实行宵禁制度,夜幕降临之后,宵禁使得城市的活力立刻烟消云散。然而时不时会有夜市打破这种僵化的宵禁生活。人们在夜市生龙活虎,走街串巷,由此,都市的夜散发出其独特的味道和风范。在乡下,每周一次的集市节奏闲散适宜,人们也在消遣的过程中享受集市的魅力:

包茶裹盐作小市,鸡鸣犬吠东西邻。卖薪博米鱼换酒,几处青帘扶

① 长孙无忌《唐律疏义》(653 年实施)第二十六条。

醉叟。①

  在大都市快节奏生活的闲暇,人们通过游荡市场可以享受到一种田园式的舒适片刻。从古到今,市场的存在不仅仅使人们多了许多生活的热情,而且成了老百姓看热闹的大舞台。因为历代以来,市场也被作为行刑杀头的地点使用,普通老百姓见到杀人的一幕,仿佛是看了一场恐怖的戏剧。因而晚上收摊的时候,市场的地面上不仅仅堆放着货物、广告招牌、酒幌,还有一些被执行死刑的人头。

---

① 周密《草窗韵语》(1274)卷四。

铜钱（浙江张村,12 世纪）[1]

钱荒楮涌,子母不足以相权,不能行楮者,由钱不能权之也。[2]

---

① 　图片来源:《安吉文物精华》(北京,2003)第 109 页。
② 　脱脱《宋史》(1345 年成书)卷四三〇。

己亥

36. 金钱和幸福

1972 年,离浙江安吉不远,大约太湖西南 60 公里处,发现了一个小青铜容器和 20 多枚铜钱,出土时形状保持完好。这些铜钱不是一枚枚单个的,而是像树叶一样被一根青铜树枝联接起来,整齐地排列在树枝左右两侧。铜钱上的年号是崇宁,这是 1102—1106 年间使用的。

从公元前 3 世纪直到近代欧洲影响逐渐进入中国,铜钱几乎一直保持着它传统的模样。这种圆形方孔钱依照天圆地方的思想铸造,代表着皇帝受命于天,统治天下。当然皇室并不能把这种形式的统治权力毫无差别地投射到全国各地。由于生产技术并不复杂,假钱往往难以禁绝。这种铜钱表面没有图案,只有文字来传递信息,最早只写明重量来表明其价值,后来则写上年号。

这些青铜钱币,偶尔有些含铅多于铜和锡,一般用绳子通过中间的孔穿起来,以便集中保存和运输。在钱币数目巨大时,经常会有流通困难。而原本微不足道的材料支出也会显得非常庞大。1106 年一共用了接近三百万根绳子来穿钱,每根绳上穿一千枚。所以那时已经把大面额的纸币引入流通,并很快就成为主要支付手段。问题是纸币币值持续下跌,到了朝代末期只有同等币值铜钱价值的四分之一。

还有一种可能的选择是,用贵重金属做货币,可是在中国最先没有执行。金条只是在汉朝时短时间内用过,银锭虽然用的时间较长,但在大多数朝代在流通中使用相对较少。公元 1077 年的税收中只有两吨多白银,而其他的则有接近六十亿枚铜钱、一百多万吨粮食和差不多二百七十万匹丝绸。

尽管最迟从汉朝起跨国贸易就很兴旺了,但早期外国货币还是很零散地来到中国。直到 4 世纪,萨珊王朝和拜占庭王朝的硬币越来越相似以后,这种情况才有所改观。总的来说外国硬币作为支付手段来使用还是很有限的。因为从出土外国金币的来源看,很少是作为应对危机的货币被储存起来,更多的是作为一种精美的随葬品,比如经常用来做尸体的口含。很多古罗马金币被穿孔作为首饰佩戴或者作为护身符挂在脖子上。有时也会用到外国钱币的复制品,并非外来的,而是在国内仿制的复制品。

在中国发现的萨珊银币和拜占庭金币(部分加工过或是复制品)

	统治者	在位时间
萨珊银币	沙普尔二世	309—379
	阿达实尔二世	379—383
	沙普尔三世	383—388
	叶兹德格德二世	438—457
	卑路斯	459—484
	卡瓦德一世	488—497,499—531
	亚马斯普	496—499
	库思老一世	531—579
	霍尔米兹德四世	579—590
	库思老二世	590—628
	博兰	590—628
	雅兹底格德三世	632—651
拜占庭金币	君士坦提乌斯二世	337—361
	狄奥多西二世	408—450
	利奥一世	457—474
	阿纳斯塔西乌斯一世	491—518
	查士丁一世,查士丁尼一世	527
	查士丁尼一世	527—565
	赫拉克留	610—641
	君士坦斯二世	641—668
	君士坦斯五世	741—775

从贸易总额来看,西方获得的中国铜钱相对较少。这是因为它在中国国内市场就有很大问题,特别是在大额支付时。所以可以理解,铜钱更不可能越过高山,穿过沙漠,万里迢迢地被运到西方去了。从宋朝起,债券作为一种纸币就出现了,并得到政治和经济上的背书,只是在危机时候很难让陌生的商人确信其优越性。

　　除此之外,中国丝绸也是一种坚挺的支付手段。不仅是在国内有时作为公务员工资发放,而且也通用于跨境贸易。可以说,丝绸才是丝绸之路上真正的货币。没有任何一种货币可以比得上丝绸作为硬通货的接受范围,我们也可从远远超出伊斯兰国家范围被广泛利用的伊斯兰重量单位迪拉姆看出这一成就。通盘来看,有些在沙漠绿洲如和田、库车、吐鲁番等地铸造的钱币也只是在当地范围流通。

　　发掘者认为,这件像树枝一样长在一起的铜钱可能是装在一个盆里的"摇钱树"的一枝。这种树枝上长满铜钱的盆栽在帝制末期,特别是19世纪很流行,人们认为摇一摇这种树会带来财运。由此考古学家联想到汉末出土的随葬品,其中也有长满铜钱、动物和神话人物的树枝。迄今还没有从古代文字记载中找到这些随葬品的确切名称和功能,这些东西只出现在中国西部。如果断定这些随葬品也和浙江发现的摇钱树是同一类物品有些轻率,两者之间不仅在时间上相差约1500年,在地理距离上也相隔很远。但不应排除这些东西是幸福的象征,因为在中国财富和满足大多更加接近,相对来说西方人出于神化的视角羞于承认这点。

狮纹银盘（陕西西安八府庄, 8 世纪）[1]

贞观九年, 又遣使贡狮子, 太宗嘉其远至, 命秘书监虞世南为之赋。[2]

---

① 图片来源: 中国历史博物馆《华夏之路》(北京, 1997) 第三卷, 第 115 页。
② 刘昫等《旧唐书》(成书于 945 年) 卷一九八。

37. 进贡和头衔

1956 年西安八府庄原唐宫遗址出土了 5 件金属制品,它们可能是公元 755 年兵乱时被埋下的。其中一个放在三足支架上的鎏金银盘特别引人注目,直径 40 厘米,盘中央站着一头狮子。狮子并不是中国本土动物,而是作为贡品由西亚和中亚国家送来的。

对于中国的皇帝来说,最重要的任务是维持天与人之间的和谐。相应的他的权威不仅限于一国之内,而是普天之下,整个世界——儒家学说影响范围内的国家和人民。八方朝贡代表邻国对皇帝统治合法性也就是"天授皇权"的确认。如果上天对皇帝不再信任,则会用各种方法提出警示,如自然灾害、人民造反和不祥的预兆等,而如果周边国家不积极参与对"中央之国"朝贡,也是一种不好的预兆。

可惜的是具体都有什么东西作为贡品,历史学家也无法得知。大部分史料上只是语焉不详地写着"地方土产",并未具体写清明细。下表所列只是隋唐时期一部分有代表性的贡品:

隋唐时期新罗贡品(594—846 年间 125 次入贡贡品中有代表性的 9 次)

年 份	贡 品	年 份	贡 品
631	2 名女乐	733	1 幅画
653	织物	748	金,银,棉花,宫廷袍服,牛黄,人的头发,人参
723	1 匹马		
724	2 匹马,3 条狗,100 两黄金,2000 两白银,60 包棉花,20 两牛黄,200 两人参,100 两人的头发,16 张海豹皮,宫廷服装、小钟若干	773	金,银,牛黄,宫廷袍服,丝绸
		810	金,银,1 幅佛像图,佛经,旗帜
		826	鹰

隋唐时期撒马尔罕贡品（624—772 年间 30 次入贡中有代表性的 13 次）

年　份	贡　品	年　份	贡　品
624	马		几只狗,锁子铠甲,1 只水晶杯,
626	马		1 只红玉壶,鸵鸟蛋若干,衣服
628	马	724	1 名侏儒,2 匹马,2 只狗
635	1 头狮子	726	1 头豹子
637	桃树苗	727	舞女若干,1 头豹子
647	桃	740	1 只香炉,玉环,红玉,水晶
717	织物,靛蓝	750	10 匹马
718	1 名侏儒,舞女若干,1 头豹子,		

隋唐时期波斯贡品（638—824 年间 21 次入贡中有代表性的 9 次）

年　份	贡　品	年　份	贡　品
638	1 只雪貂	747	1 头豹子
722	1 头狮子	750	舞垫,珍珠
730	香料	771	珍珠,琥珀
746	1 头犀牛,1 头大象	824	沉香
747	1 具红玉卧榻		

隋唐时期林邑贡品（595—796 年间 40 次入贡中有代表性的 21 次）

年　份	贡　品	年　份	贡　品
627	1 头驯服的犀牛	709	1 头白象
630	1 头大象,鎏金器具,宫廷服装,1	713	5 头大象
	枚凸透镜	731	4 头大象
631	1 只五色能言鹦鹉,1 只澳洲白鹦	734	沉香,琥珀
640	10 头犀牛	735	1 头驯服的大象
654	1 头驯服的大象	736	1 头白象
686	1 头驯服的大象	748	象牙,棉布料
691	1 头驯服的大象	749	100 颗珍珠,30 斤沉香,白棉布
695	1 头战象	750	象牙,珍珠,白棉布
699	1 头驯服的大象	793	1 头犀牛
707	1 头驯服的大象	796	1 头犀牛

从上面列举的贡品如波斯的沉香和越南的琥珀等来看,并非所有贡品都是"地

方土产"。此外,朝贡并非邻国政府或是统治者必须承担的义务。波斯贡使大多是8世纪时才出现在中国,这是阿拉伯人占领萨珊帝国很久以后了。朝贡时的措辞总是一边倒的中国式风格,内容是形式化的礼物交换。其政治表述如承认霸权地位之类对于非儒家国家并不强求。皇室最后会提供对等的回礼,比如给新罗的回礼有丝绸、织锦、礼服、金银器、伞盖、书籍和澳洲白鹦等。

此外,皇帝很乐意赐予名分。这些官职称号并非实职,也没有相关的权利和义务。往往是某地区某军队的最高指挥官之类。相对于这些有名无实的称号,为接待这些经常会很有规模的贡使团所支出的花费非常庞大。豪华奢侈的款待带来的后果是,使团人数往往超出原计划,甚至整个使团根本就不是哪一个国家或部族派出的,纯属虚构。对付这种招摇撞骗的行为,宋朝法律规定:"冒贡者徒二年。"①

---

① 谢深甫等《庆元条法事类》(1202)卷七八。

玉鱼吊坠（内蒙古奈曼旗，11世纪）[1]

绍兴七年十月初三，上曰：广南市舶，利入甚厚，提举官宜得人而久任，庶蕃商肯来，动得百十万缗，皆宽民力也。[2]

---

① 图片来源：中国历史博物馆《契丹王朝——内蒙古辽代文物精华》（北京，2002）第155页。
② 徐松《宋会要辑稿》（1809）。

38. 从琥珀到貂皮——吸引眼球的舶来品

公元 937—1125 年,华北大部分地区处在契丹人建立的那个与宋朝争执不休的辽朝统治之下。近年来在内蒙古和辽宁发现了许多这个朝代的墓葬。其中一座较大的墓葬,是 1986 年发掘的于 1018 年下葬的陈国公主与驸马的合葬墓。无数的随葬品中有一件玉鱼吊坠,带有金质锁扣,绿松石珠子,琥珀、玻璃等配饰,长 23.5 厘米。这件吊坠上的白玉可能出自丝路上的绿洲和田,其他配饰也可能大多是在通往中国的商路途中获得的。

中国历史上的对外政策几乎总是在开放和封闭两者之间交替摇摆。而相应的经济政策也有开放贸易和限制贸易两种方针。当执行后一种政策时,皇帝也会做出表率,如同公元前 1 世纪的一份宫廷文档中记录的,既不穿"华服"也不用"异域之物"。

可即便在皇宫中能够严防死守,自给自足,或者进一步在官员阶层中也能严密控制,但总的来说限制进口贸易无非只能导致走私日益猖獗罢了。因为对异域货物的需求其实不可阻挡。这一点,从一份 1225 年高级海港监察官员记录的货物清单上可见一斑。

13 世纪的海路入境货物清单(按照被提及的顺序整理)

商 品	说 明	产 地
樟脑	樟树油	婆罗洲
乳香	乳香木树脂	阿拉伯
没药	没药树树脂	阿拉伯
血竭	龙血树树脂	阿拉伯
安息香	安息香树脂	柬埔寨
龙脑香	龙脑香树脂	柬埔寨
苏合香	苏合香树脂	阿拉伯
栀子花	干燥栀子花	阿拉伯
玫瑰香水	玫瑰花瓣提取的香精	阿拉伯
沉香	沉香木树脂	柬埔寨
檀香木	檀香树	帝汶
丁香	丁香花蕾	阿拉伯
肉豆蔻	肉豆蔻仁	马鲁古
血桐	血桐树	苏门答腊
面包果	木菠萝属	爪哇
槟榔子	槟榔种子	海南
椰子	椰子果实	印度
栎树虫瘿	栎树被昆虫刺激后生成的瘤状物	阿拉伯
乌檀木	红木	越南
苏木	苏木	柬埔寨
棉花	棉纤维	爪哇
席	编织不紧密的植物纤维	苏门答腊
木香	木香根	阿拉伯
小豆蔻	小豆蔻果实	柬埔寨
胡椒	胡椒果实	印度
木姜子	木姜子果实	爪哇
阿魏	阿魏根	阿拉伯
芦荟	芦荟叶	阿拉伯
珊瑚	珊瑚虫骨骼化石	阿拉伯
玻璃		阿拉伯
蛋白石		印度
珍珠		斯里兰卡

商　品	说　明	产　地
贝壳	贝类的壳	越南
象牙	大象的长牙	阿拉伯
犀牛	犀科	阿拉伯
灵猫香	大灵猫腺体分泌物	阿拉伯
翠鸟羽毛	翠鸟羽毛	柬埔寨
鹦鹉	鹦鹉科	越南
龙涎香	抹香鲸排泄物	阿拉伯
龟甲	海龟龟甲	婆罗洲
蜂蜡	工蜂蜡腺分泌的物质	菲律宾

　　这份赵汝适从商人角度列出的货物清单，只是一些从海路进入中国市场的货物。还有大量陆路进入中国的货物并未包括在内。如果要算上其他途径，还可以将很多进口品种补充进来。例如用作首饰的天青石、红玉、孔雀石、煤玉、水晶、玉、钻石、琥珀等；各种金属如金、银、铜、锡、锌和铅；各种兽皮如紫貂皮、银鼬皮、鼬皮、海狗皮、旱獭皮和鹿皮；值得一提的还有一些或多或少有异域特色的水果食品如大枣、藏红花、莲藕、睡莲、葡萄、开心果等；当然还少不了最著名的"撒马尔罕的金桃"。

　　即便是赵汝适记录最详细的货物——调料、药品和颜料——中也还有无数没记全的。下面补充的也绝对算不上毫无遗漏，只是可以让人更好地理解当时进口商品的多样性：

　　姜黄、没药、芥末、莳萝、大蒜、苹婆、蒌叶、鸦片、番木鳖、波斯皂荚、蓖麻油、大枫子油、琼、巨蟒皮、鹿角、燕窝、胆矾、硫黄、石青、雌黄、孔雀石、靛蓝、虫漆、藤黄、龙脑香等。

　　宋朝时政府对所有通关货物有优先购买权。除了获得贡品，皇室也通过优先购买获得这些通关货物中的大部分，然后会把其中一部分加价出售。只有一些利润低的货物才会留给普通商人。至少正史记载如此，当然也有非法贸易存在，但往往没被发现或是被有意忽视了。

多彩的织锦（新疆尼雅 1 号墓，3 世纪）[1]

梁熙遣使西域，称扬坚之威德，并以缯彩赐诸国王。[2]

---

[1]　图片来源：马承源、岳峰《新疆维吾尔自治区丝路考古珍品》（上海，1998）第 120 页。

[2]　房玄龄等《晋书》（635）卷一一三。

壬 寅

39. 出口畅销货——丝绸

　　早在 1901 年,奥莱尔·斯坦因在距民丰约 110 公里的塔克拉玛干沙漠中发现了尼雅遗址,并于 1906 年、1913 年和 1931 年主持了三次发掘。从上世纪 50 年代至今,中国考古学家接着在尼雅河下游进行考古发掘,其间日本也提供了部分支持。1995 年发掘出了一处墓园遗址,在此发现了 8 座有木质棺材的墓葬。其中的 1 号墓是合葬墓,出土时在男女尸身上覆盖着一幅两匹缝在一起的织锦,长 168 厘米,宽 94 厘米。具体下葬年代很难断定,最有可能的推测是公元 3 世纪。织锦上织有"王侯合昏千秋万岁宜子孙"字样。这件织锦很可能出自中原地区的官方织锦工场,作为官方礼物被送到了塔里木盆地南方这里。

　　千年以来,中国最重要的出口商品就是丝绸。在丝绸这个名称下涵盖了各种各样的丝织品。其基本原料都是蚕这种昆虫结茧时吐出的蚕丝。能吐丝的蚕有很多种类,而中国桑蚕是其中最好的一种。这种蚕最好是用白桑树的叶子喂养。在中国早在帝国建立以前就开始养蚕了。这种蚕丝的精美可能在它的重量上最能体现出来,超过九千米长的蚕丝重量还不足三克。

　　在织机上织出漂亮的丝绸前,还有一些必要的步骤:从煮茧(杀死蚕蛹)、缫丝(把丝纺成线),直到成丝(去除胶质)。在汉朝时丝织品的种类就有绢、纱、绫、缎、锦等,通过使用染过各种不同颜色的丝线,利用纺织工艺压制或是刺绣等方法,可以制作丰富多彩的图案。

齐郡世刺绣,恒女无不能;襄邑俗织锦,钝妇无不巧。①

最迟到基督降生时,丝绸产品已扩散到西亚、北非和欧洲等广大地区,特别是在帕尔米拉遗址(今叙利亚)发现的丝织品令人印象深刻。尽管单个的考古发现不能证明丝织品更早的扩散,但也有迹象表明,来自远东的丝织品早在公元前1世纪上半叶就可以在埃及、爱琴海和南德地区获得,这一点引发了强烈的争议。此外,在不同传说中层层发酵过的,所谓经过几个世纪的工业间谍活动才打破丝绸生产垄断的故事,是几乎无法证实的。

使用丝绸的潮流在早期皇帝时代的罗马到底有多大规模,从持续增加的专门从事奢侈品生意的商人数量可见一斑。另外当时有思想家批评丝绸,因为太薄透,有伤风化,由此也可以看出丝绸多么受人欢迎。相关的提醒并未达到想要的目的,而遵守道德准则也在接下来的世纪中受丝绸特有的诱惑而几乎不值一提。

对丝绸的强烈欲望更确切地说一直在增加。有历史学家认为,对昂贵的奢侈品的无节制的追求是经济衰退,甚至是帝国灭亡的主要原因。这种观点还值得商榷。除此之外,在东方和西方被各占优势的伊斯兰教和基督教分为两个世界时,丝织品又找到了一条销路。所以当阿布巴登家族的哈里发哈伦·拉希德在公元809年死后,留下的不仅是武器、首饰和香料,而且有大量的丝织品,包括无数的丝质袍服、枕头、帷幕和地毯。

在哈里发遗留的清单上另外还有"数以千计的中国容器"。这些有可能和在萨马拉(今伊拉克)出土的唐代陶瓷源出同门。因为在那时瓷器在中国还只是极少量生产,并仅供皇室使用。这一点由1987年法门寺出土的盘和碗等瓷器得以证明,随同出土的有一份存物清单,写明这些物品都是唐僖宗于874年捐赠的。这些瓷器被鉴定为异常珍贵的"秘色瓷",据说只在很少的几座窑中烧制。到法门寺出土前,只在大量文字记载中出现过,特别是在当时的文学作品中享誉甚高。

在那时,有"白色黄金"美誉的中国瓷器还未传播开来。一艘9世纪沉没在婆

---

① 王充《论衡》(83)卷十二。

罗洲西海岸不远处的商船为此提供了证据。这艘船的故乡可能是在波斯湾。从打捞起的沉船残骸中找到了不下 67000 件高质量的贵重陶制容器,但没有一件瓷器。严格意义上的瓷器是经过高温烧制的,原料是高岭土、长石和石英,成品洁白透亮,敲击声清脆悦耳。出口到印度洋另一边的瓷器看来没有早于明代的,而欧洲人学会用瓷质茶杯品茶,很明显还是很久之后的事。

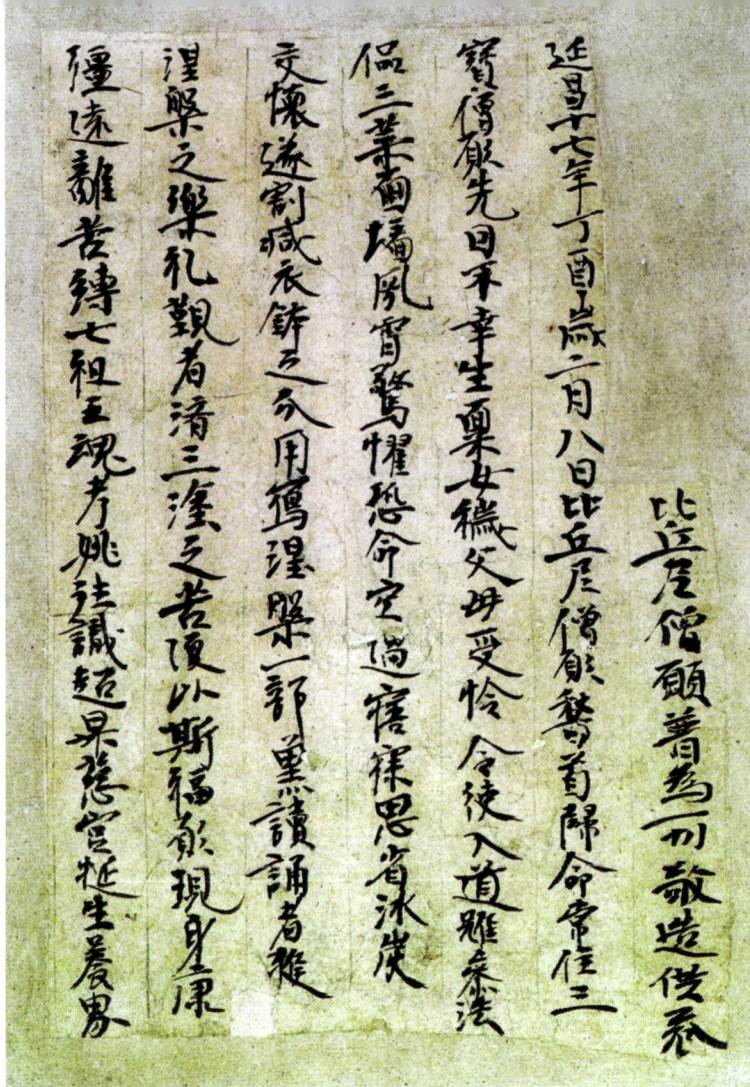

佛经片段（新疆吐鲁番，6世纪）[1]

读诵者，获涅槃之乐。[2]

① 图片来源：李健《丝路的荣光——中国古代艺术》（代顿，2003）第 116 页。
② 图上第五和第六行所写内容。

癸 卯

40. 中国文字

吐鲁番在 6 世纪时处于高昌统治下。当地统治者虽然有义务向中国皇帝朝贡，但一直到公元 640 年还保留着自己的独立性。在离古城遗址只有几公里远处，就是阿斯塔纳古墓群，在 1928 年的发掘中，发现了一张长 22.5 厘米、宽 14.8 厘米的纸，其上书写有一名尼姑摘录的《涅槃经》。在第二行写有确切时间，公元 577 年。

这篇大乘佛教重要的经典，被用毛笔和墨汁以行书抄写，行书是秦汉以来常用的五种书体之一：

中文名称	开始时间
小篆	秦代
隶书	秦代
楷书	汉代
行书	汉代
草书	汉代

小篆虽然已经不再作为日常书写字体，但还是被保存了下来，主要应用在书法界。同样的还有极端流畅的草书，这种字体被视为最完美的书法。通过用毛笔书写这种极其感性的方式来进行交流完全合乎礼仪，这是只属于受过良好教育的上层社会的特权。历史上有些皇帝和大臣在书法上的声望远远超过他们在政治上的成就。

大部分普通百姓无疑不会书写,文盲的比例肯定超过九成。确切的统计是无法实现的。一方面当时的记载几乎毫不涉及这方面,另一方面很难确定一个标准,认识多少字不算文盲呢? 一千、一百,还是十个?

不同于欧洲的文字中每个字母都有自己的发音,中国文字只有每个完整的字才有读音。而且每个字都有自己的含义,在全国各地都可以通用,即便各地由于方言语音语调大有不同。还有大量同音异义字,这也是 20 世纪对汉字进行拉丁字母化改造尝试最终失败的原因之一。

无论对于社会精英还是那些收入微薄、为政府部门培养的专司记录的普通文书们来说,用来学习的开支都非常巨大。公元 121 年呈送皇帝的字典《说文解字》中已收录 9353 个汉字。每一个学者必须至少掌握这字典里的起码一半汉字,如果他还不想当众出洋相的话。按照古文字学和语源学的标准,这些文字被分成 540 个部首。这些部首是大多数字的语义部分的源头,在它们的帮助下,直到今天,还可以在专业词典中查阅到最原始的记录。该书作者许慎在后记中对汉字构成规律做了系统的总结,称为六书:

(1)象形(用图画把具体事物画出来,如"木"或"日");

(2)指事(把绘画中较抽象的部分点出来);

(3)会意(两个或多个独体字合起来组成新的意思,如双木成"林",三木成"森");

(4)转注(一个字有新的意义,如"日"又有"一天"的意思);

(5)假借(用语音相同的字来代替);

(6)形声(由形旁和声旁组成)。

从中国当前疆域来看,汉字并非是在这个庞大国家中唯一使用过的文字。历史上有一些派生自汉字,但又有明显改变的文字,比如在 10—12 世纪间建立了辽、西夏和金的契丹、党项和女真民族,都创建了自己的文字。

在塔克拉玛干沙漠和戈壁边缘的绿洲,曾经有过多种文字流传。特别是在吐鲁番和敦煌,快要进入 20 世纪时在那里发现了无数微小的文字片段,大部分在那时被带到伦敦、巴黎或是柏林保存下来。这些片段使用了近20种文字,如粟特文、佉卢文、希腊文、藏文和阿拉伯文书写,除了少数例外,大部分可归为两类,即从右向左读的阿拉米文和从左往右读的婆罗米文。

多语言时代已经过去很久了。只有西藏的藏语和新疆的阿拉伯语依然被或者说重新被大范围使用。历史上汉语曾经短期向外流传,日本、朝鲜和越南都曾使用汉字来完善和确定其语言结构。相比儒学对邻国的影响,汉字的影响范围非常小。

木简上的费用清单（甘肃肩水金关，公元前 1 世纪）①

如古人皆用竹简……所以后汉吴恢欲杀青以写汉书，其子吴祐谏曰："此书若成，则载之车两。"②

---

① 图片来源：马建华《河西简牍》（重庆，2003）第 34 页。
② 黎靖德编《朱子语类》（1270）卷十。

41. 书籍的生产和销售

在中国古代，西北边疆地区建有许多防御用的城墙、瞭望塔和卫戍关城。到如今那里还有大量关城遗址，其中残留的不仅有衣服、武器和防御用品等，也有无数的文字记录。1972—1976 年，仅从离金塔县不远的一处关城遗址中就找到了不下两万件木简。上面书写的文字包含大量信息。这为我们了解古时的日常生活提供了大量第一手资料，从文字内容里得知，其涵盖了从公元前 99 年到公元后 32 年的漫长岁月。

出土的文章内容除了政治文章、战争进程、法律判决等，大部分涉及日常管理，如图所示的费用清单。文字写在用两根平行的绳子绑起的 9 根木简上，每根长 23 厘米，宽 1 厘米。简书上所写文字从右边开始，按照从上往下的顺序书写。尽管后来有了其他的书写材料，但是这种竖写习惯还是被保留了下来，一直到 20 世纪，即便它其实既不必要也不方便。

在秦汉时代，除了使用竹简和木简，考虑到长篇文章在运输上的不便，在传递信息时一般写在织物上。在过去的几十年中，已经从很多墓葬中出土了大量写在丝绸上面的文章，包括内容广泛的作品，如有关宗教、哲学和医药等。比较成熟的批量复制品要到公元后纸张出现才得以制作。

装帧书籍有多种不同的方法，这里仅列举其中四种：（1）卷轴装：把横向粘起来的长条的一端固定在一个木轴上卷起来；（2）经折装：同样大小的书页相粘成长幅，然后连续折叠，形如手风琴的风箱；（3）梵夹装：长条形书页叠起，上下夹板，打孔穿绳,固定书页;(4)包背装与线装:装订线在书的右侧,在西方人看来,这种书是从后往前翻的。前三种方法首先见于佛教传播过程的经籍中。

早在汉朝时期已存在独立的书店和出版社了,他们提供手抄本和拓片。这个行业真正的大发展要到唐朝印刷术取得巨大进步之后,大量出版才成为可能。可由于各种困难导致印刷费用非常高。公元 983 年为刻印佛教大藏经一共雕刻了 13 万块木版,需要单独为它们准备一座大仓库来保存。而他们的竞争对手道教在公元 1019 年刻印的道藏也用了超过 8 万块雕版。这种惊人的大手笔,展示出了宗教巨大的知识储量、组织结构和宗教热情。相比之下,皇室为了维护儒家思想的正统地位所做的工作则要逊色得多。

此外,这个行业不仅投入大,而且利润也高。从宣传材料上看来,至少一直到宋朝时期,书籍都还属于奢侈品范围。书对于收入水平在平均线的普通百姓来说价格还是太高了。即便出版数量不多,出版商在刨去成本如制版或租版、纸、墨、胶和人工等后,大多还有很可观的利润。

这种现象自然导致盗版猖獗。盗版书错漏百出,有的被严重删减或更改,甚至有的书连作者名字都是错的。这些乱象催生了 12 世纪末期第一次著作权保护法的出台。可惜保护版权没能长期坚持。

另一项在宋朝便出现的控制书籍市场的新方法即文字检查,这种方法到如今一直还在使用,虽然不是总有效。这种使用了很久的文字检查政策到了 1090 年被正式明确为一项法令,所有书稿在出版之前都必须通过审查。虽然一旦发现,惩罚非常严酷,但逃避审查的依然比比皆是。这种审查不仅适用于法律文本、历法和历史著作,也适用于非正统的宗教著作,无论是佛教、道教还是其他什么宗教。经常违反规定的主要是那些因为可能泄露国家机密而被禁止带出到外国的书籍。

政府部门的另外一个职责是防止读者被"淫秽"书籍毒害。所以在某些时期,仅仅因为一些格调上的瑕疵也会导致一部书禁止付印。这种管理体系却很少付诸实施,因为监察部门人员不够,要求过高。寒山所作的某一首诗的前两句反映了当时的社会现状："读书岂免死，读书岂免贫。"① 为数不少的爱书人士，因为他们对于书籍的激情而穷困潦倒。

---

① 寒山《无题诗》（约 7 世纪），引自《寒山子诗集》（北京，1929）第 33b 页。

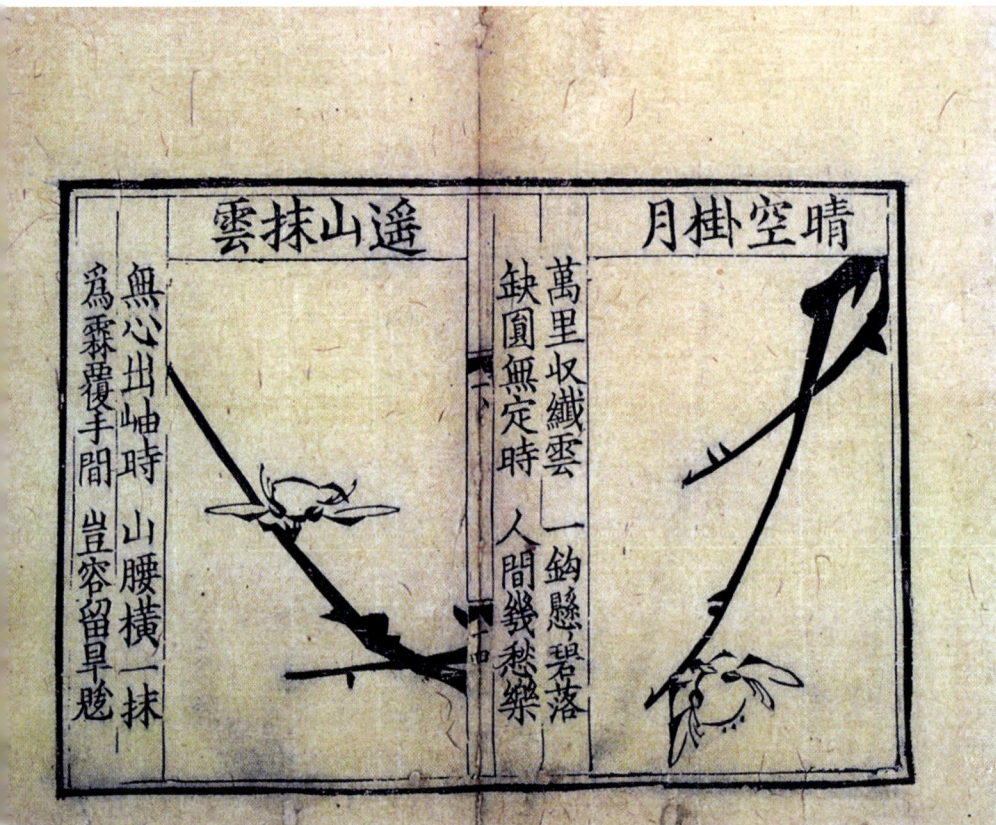

晴空掛月

萬里收纖雲
缺圓無定時
一鈎懸碧落
人間幾愁樂

遙山抹雲

無心出岫時
山腰橫一抹
為霖覆手間
豈容留旱暵

画谱一页（13 世纪）[①]

今人所以读书苟简者,缘书皆有印本多了。……今人连写也自厌烦了。[②]

───────────────

① 图片来源: Sherman Lee 编著《中国五千年的艺术创新和传播》(纽约 , 1998) 第 187 页。
② 黎靖德编《朱子语类》(1270) 卷十。

乙巳

42. 两大发明——造纸和印刷术

公元 1238 年,第一次刻印的木刻画谱《梅花喜神谱》问世,作者是画家和诗人宋伯仁。这本画谱由一百幅带有题诗的画组成（页面尺寸 28.6 厘米 ×23.1 厘米）,再现了梅花从蓓蕾到凋谢的各个阶段。上海博物馆收藏有它于 1261 年第二次刻印的版本。

这部画谱是中国最早的画册。虽然不能完全反映作者原有水准,因为原作是用笔和墨绘制,在进行刻印时,由于当时技术水平有限,所以无法完全体现作者的艺术成就。不同于早期的版画艺术,它这种为画面配上文字的方式开创了一种几乎是自己独有的表达方式。由此看来《梅花喜神谱》实为后世多色套印画谱之前身,其中著名的有如《芥子园画谱》和《十竹斋画谱》。

刻版印刷这种既方便又便宜的方法着实是跨地域传播思想、意识形态和信息不可或缺的先决条件。在中国汉朝以前,主要使用竹简和丝帛作为书写材料,一是遇到信息容量大时非常麻烦,二是太过昂贵。

根据正史记载,东汉宦官蔡伦作为皇家工坊的管理者,在公元 105 年首次造出纸张。从现有证据看来,发明纸张的准确时间却要早得多,可能正史记载的是发现了一种新的生产方法。因为出土文物证明,用植物纤维,特别是麻纤维制作的纸张早在公元前就已经出现了。但我们至少要感谢蔡伦在推广用植物纤维造纸这项工作中做出的贡献。

再往后在技术上的进步就很小了。造出的纸可根据原料不同,分为桑皮纸和竹纸两种,生产技术相同,都是把纤维打成浆后分层揭出一页页纸张。偶尔也有混合原料的,那是把下脚料混合起来再用一遍。这样人们就得到了一种完美的书写材料,它不仅轻薄、结实、吸水性好,还便宜,而且可以很方便地卷起、折叠或是裁剪。

估计在约7世纪末造纸术流传到了印度,很快又传到中亚。公元751年,阿拉伯军团战胜了唐朝军队,许多工匠被作为俘虏带到了撒马尔罕,于是造纸术也传了过去。从现在的研究来看,可能传入时间还要晚一些。可以确定的是,造纸术很快传遍了整个伊斯兰统治领域,而由此传入基督教统治下的南欧和中欧则明显要再晚许多。

历史上对西方影响最大的中国发明可能就是造纸术了,此外几乎不输于造纸术的发明就是印刷术。印刷术有三个源头:(1)印章,确认某人任职合法性;(2)符印,以大量复制简单的图形和护身符文等;(3)碑刻,可以从碑文上复制拓片。

随着木质雕版印刷技术的出现,印刷的效率大大提高。从7世纪起首先出现了雕版印刷的宗教书籍、传单和历书等。特别是在历法颁布上,由于政府维护皇帝权威的需要,对时间准确性要求极高,而雕版印刷的精确性正符合这种要求。后来雕版印刷也应用在哲学研究和百科全书的印制上。当然还有,从11世纪起,一种全新的但很快发行量巨大的雕版印刷产品——纸币——开始问世。

很快就出现了活字印刷术。首先是陶活字,然后是木活字,最后是铜活字。但它并未全面代替雕版印刷。这主要是因为汉字的特殊性,不同于阿拉伯文或拉丁文的简单字母表,纷繁复杂的数千个汉字过于庞大。印刷术在蒙古统治时期才传入西方。至少对于伊斯兰世界,这是无可争议的事实。欧洲看来并没有独立地发展出印刷术,只是从时间顺序上看,这也是不太可能的。

石砚（广东广州赵眜墓，公元前 2 世纪）[1]

好醇烟，捣讫，以细绢筛于缸内，筛去草莽若细沙、尘埃。此物至轻微，不宜露筛，喜失飞去，不可不慎。墨一斤，以好胶五两，浸涔皮汁中，涔，江南樊鸡木皮也；……可下去黄鸡子白五枚。亦以真珠砂一两、麝香一两，皆别治、细筛，都合调，下铁白中，宁刚不宜泽，捣三万杵，杵多益善。合墨不得过二月、九月，温时败臭，寒则难干潼溶，见风自解碎。重不得过三二两。[2]

① 图片来源：Margarete Prüch《赵眜的宝藏——南越王墓》（海德堡，1998）第 215 页。
② 贾思勰《齐民要术》（约 540）卷九。

43. 墨和毛笔

　　1983 年,在广州市中心的一座小丘下面,人们发现了一座由多个石质墓室组成的大型墓葬。从墓中出土的印章上得知墓主人是南越王赵眜。在公元前 137 到公元前 122 年间,他统治南越王国,在当时独立于中央政府汉王朝之外。他死后尸体上穿了一件有 2291 枚玉片组成的玉衣,并有 15 人殉葬。

　　两个前墓室中,有一间装满了各式陪葬品,其中一个塞满秸秆的卷起来的红布袋子里面装着一个石砚。石砚由两部分组成:一个板岩圆柱体,高 2.2 厘米,直径 3.3 厘米;一块平坦的砾石,长 13.2 厘米,这是用来磨墨的。它的表面上还能看到一些黑色和红色的使用痕迹。同样的色调也存在于出土的数量超过 4000 的墨饼上,其直径最大 1.31 厘米,主要成分是松烟和胶料。这些墨饼放在入口区域,据现场的碎片判断,原本应该保存在一个漆盒里。

　　考古证明,墨的使用远早于汉代,而文字记载中墨的使用则令人惊讶的要晚很多。文字记载中最早描述(开始记录)墨的生产过程的是《齐民要术》这部书。这是一部概况性介绍农业生产和手工业技术的书,写于公元 6 世纪。这部书记录的范围很广,也写到了胶料的生产方法,胶料是生产墨饼的两种主要原料之一:"沙牛皮、水牛皮、猪皮为上,驴、马、驼、骡皮为次。"[①] 靴底、破鞍也可使用,只要是生皮都可以。稍晚一些的记载提到高质量的黏胶可用鹿角或是煮过的鲤鱼鳞片做成。

---

① 　贾思勰《齐民要术》(约 540)卷九。

胶料决定着墨饼的坚固性、持久性和耐磨性,而最重要的决定颜色的则是黑烟。如写于 11 世纪的《墨谱法式》中记载,最好"采松之肥润者,截作小枝,削去签刺"[①]。将这些松枝入炉烧制,经过一段相对较长的等待时间,得到一种黑色的微粒。清除掉其中的炭灰,留下的就是炭黑。然后和各种油——主要是桐油和麻油——加热混合。

还有大量配料,用来改善颜色、防止掉色和中和胶的异味。这些配料有矿物如朱砂,硫酸盐如胆矾和绿矾,动物分泌物如麝香等。大部分是为数众多的植物配料,仅仅在《墨谱法式》提到的就有超过 30 种。

制墨用植物性配料(据《墨谱法式》中提到的整理)

黄檗	芸香科植物黄蘗	树干
缬草	败酱科	根,根状茎
竹子	毛竹	笋
藁本	伞形科	根,根状茎
牡丹皮	毛茛科	根皮
血竭	棕榈科	树脂
马鞭草	马鞭草科	全草
栀子	茜草科	种子
丁香花干	桃金娘科	花蕾
石榴	石榴科	树皮
地榆	蔷薇科	叶(?)
黄芩	唇形科	全草
杜梨	蔷薇科	叶
靛蓝	蝶形花科	叶
黄连碱	日本黄连	根茎
香樟	香樟树	全草
巴豆	巴戟科	种子
漆	漆树	树脂

---

① 李孝美《墨谱法式》(约 1095)卷一。

川芎	木犀科	树皮
卷柏	卷柏科	（？）
诃子	使君子科	果实
黄栌	漆树科	全草
紫草	紫草科	树脂
笃斯越橘	杜鹃花科	果实（？）
红花	菊科	全草
檀香木	檀香科	树干
苏木	苏木科	全草
皂荚	豆科	果实
虎杖	蓼科	（？）
桐树	禾本科	全草
核桃	胡桃科	果壳
附子	毛茛科	全草
木贼	木贼科	全草

　　笔和墨如今已不仅是受到高度评价的书写工具,而且还是一种媒介,甚或是一种间接的表达方式。典型的中国艺术如书法和绘画中会经常用到墨色的浓淡、干湿线条和模糊的晕染等手法。

　　文学作品中也有相关的表达。扬雄(公元前53—公元18)坚持要在他的作品中把墨和笔夸赞为"子墨客卿"和"翰林主人"。常被赞扬的当然还有制作墨锭的有教养的业余爱好者和勇于创新的手工匠人。那时有大群的狂热粉丝,他们不仅追寻高品质的产品,而且还喜欢收集有各种各样的形状和装饰的墨锭:

　　　　予生平无所好顾,独好墨。闻人有善墨,求观之,不远千里。凡得古墨近百品……夫墨,几案间一闲澹物也,世人徒以简牍所资,盖不可少。[1]

---

① 李孝美《墨谱法式》(约1095)序二。

风景画(陕西南陵节闵太子墓,8 世纪)[1]

其画山水树石,笔格遒劲……云霞缥缈,时睹神仙之事。[2]

---

[1]　图片来源：韩伟、张建林主编《陕西新出土唐墓壁画》(重庆,1994)第 112 页。

[2]　张彦远《历代名画记》(847)卷九,评画家李思训的画。

44. 意境无穷的中国画

　　1995 年，位于富平附近唐中宗陵园内的节闵太子墓被打开了，节闵太子死于 710 年。他的墓葬建筑雄伟，墓中壁画相对保存完好，而陪葬品不是很多。除了墓室外，近 35 米长的墓道也都覆有壁画，在其东墙上除了其他内容，还绘有岩石和树木。这幅风景画是最早考虑以风景为独立题材的绘画之一。虽然山、水、树木等早在汉朝时就经常出现在绘画中，但多半是作为背景，绘画的主题另有其他，主要是人物占统治地位。风景在其中多是填补空白或是暗示空间的深远。

　　这幅选出的画面长约 150 厘米，高约 100 厘米，使用了一种遒劲的笔法，通过棕色和绿色着色部分有力突出了重点。该画作者为谁已无从考证，不同于 706 年建成的从兄懿德太子墓，后者的壁画上留有杨智珪（杨瓒）的签名。这幅画的画风很可能受到李思训的影响。在 140 年后的李思训传记中，他被称为 8 世纪初最杰出的山水画家。而且他还是宗室的远支，从而可以想象，他很有可能主持太子墓葬中壁画的绘制。

　　李思训是一名将军。唐朝时美名流传至今的画家和书法家大多担任政府高阶官职。著名诗人王维（699—759）也曾是高官，他的名声建立在他特有的艺术风格之上，所谓"诗中有画，画中有诗" [①]。作品的好坏和成就肯定部分取决于后世评论者所持的标准。另一方面，受过良好教育的精英们总是倾向于把与他们同一层次作

[①]　苏轼《书摩诘蓝田烟雨图》（11 世纪下半叶），原文收于毛晋《东坡题跋》（1650）卷五。

者的作品认定为高档艺术品,而其他阶层的作品或多或少只被看作简单的手工艺品。

用唐朝的评判标准来检测那时的作品已不太可能了,因为那些唐朝著名画家画在丝帛或纸张上的原作,只有极少数保留至今。我们如今可见的,多半是在后世朝代中仿制的摹本,常常还有大量赝品。几乎没人会觉得描摹是非法行为,因为学生在学画的课程中就包括描摹和揣摩老师的作品,以此来提高自己的水平。

如果要在作品年代争议中获得独立的证据,首先可以从墓葬和庙宇中寻找。直接能找到确切作者信息的非常少见。虽然我们知道,有些著名人物如王维并不畏惧在巨幅墙面上挥毫作画,但事实上大部分壁画是由工匠完成的,并且这种手艺会经常由父及子一代代地传承下去。

宋朝时更加重视绘画艺术发展。当时设置的中央画院,通过考试选拔出有创造性的画家为宫廷服务,这也为普通人开辟了一条新的晋升之路。因此作为一名木工的李嵩(约1190—1230)后来也能够获得很高的声望和官位。有些皇帝不仅积极推动艺术的发展,而且还亲自动手加入其中。最有名的要数宋徽宗(1101—1125在位)了,他不仅是著名的书法家,而且也是著名的画家,他最喜爱的题材是花和鸟。

虽然世上有许多绘画类型,如肖像画和许多宗教主题画等,但是中国山水画流派的确以其最自然、最独特的风格做出了巨大贡献。基于其基本内容,中国山水画可分为两种类型,一种以雄伟的画面来阐明这个世界上既定的规则,另一种则通过疏朗的构图来表现作者内心的创作意图。

在后一种题材中,只用黑色来描绘自然时,通常会在画面上有大面积留白,这样可以产生一种悠远和无限的意境。如果画面上有人物、房屋、小船等,会尽量把这些画得很渺小,这样更能增强整个画面幽深的意境。许多佛教高僧,特别是禅宗,通常也喜欢采用此种手法,使人能够直观地理解抽象事物的深度。此外还有一些奇人异士,喜欢用特殊的方法来激发灵感:

王墨者,不知何许人,亦不知其名,善泼墨画山水、时人故谓之王墨。多游江湖间，常画山水、松石、杂树，性多疏野，好酒，凡欲画图幛，先饮。醺酣之后，即以墨泼，或笑或吟，脚蹙手抹，或挥或扫，或淡或浓。随其形状，为山为石，为云为水。应手随意。①

---

① 朱景玄《唐朝名画录》（约 845）卷三十。

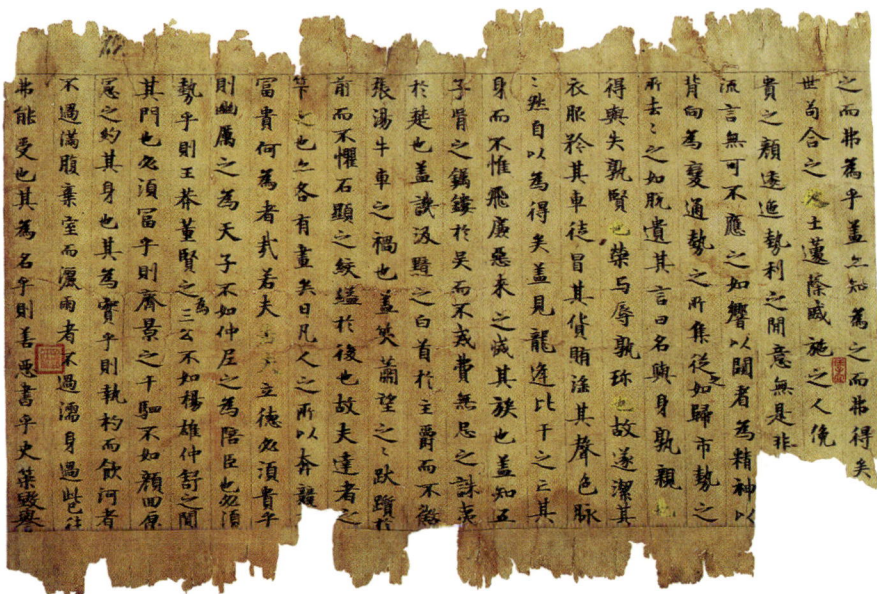

一部散文中摘录的片段（甘肃敦煌莫高窟第 17 号窟，7 世纪）①

年寿有时而尽，荣乐止乎其身。……未若文章之无穷。②

---

① 图片来源：James C. Y. Watt 等编写《中国：一个黄金时代的没落（公元 200—750）》（纽约，2004）第 333 页。
② 曹丕《典论》（约 220），收于《文选》（萧统编于 531 年）卷五二。

45. 文学的美学要求和道德责任

《昭明文选》是中国影响最深远的诗文选集之一。它于公元 531 年由梁武帝长子萧统组织编选完成。这部书选取了内容广泛的各类诗文共 731 篇。其中收录了一篇王康的《运命论》。早在 6 世纪，这篇文章被人用笔墨抄写在纸上保存下来，1900 年人们在敦煌"藏经洞"里发现了这个文卷。这篇汪洋恣肆、气势磅礴的文章被人用优美雅致的楷书工整地抄写在一张长 42.5 厘米、宽 28.3 厘米的纸上。以前这是私人收藏，如今它重见天日，成为研究的对象。专家们主要根据其书法和人名避讳来为之断代，按照这个标准，一些专家认为它出自隋代，也有人认为更可能出自唐初。

在萧统时代，文学创作和评论是显示一个人身份地位的基本需求。有名望的社交圈里人经常聚在一起——当然少不了美酒陪伴——讨论著名的文豪和新出现的文学作品。在聚会上，精英们经常会即兴创作或者共同完成一个篇章，比较特别的是联诗，即每人完成诗篇的一句或者一段。在皇宫中文学气氛也很浓，萧统的父亲梁武帝曾多次要求他的大臣们创作文学作品。每当遇到特别满意的作品，他都会不吝重赏。

《昭明文选》关注的最早的作者生活在公元前 4 世纪，最晚的是和编者同时代的人。书中选录了各种文学形式的作品，除了一些散文，还有大量不同格式的抒情诗。此书一经完本，很快就成为经典，选录的诗文不仅被大家广为深入研究，而且还成为学生们参加科举考试的参考用书。

萧统在制定选录标准时，把文辞优美放在了前列。虽然他也选录了信件、上表甚至是考试答卷，但决定是否入选的首要标准是语言的质量。这一点从书名上就可看出。编者在本书开篇时就指出，"文"这个字，最初有纹路、花纹的含义，并且有"变精美"的隐含意义。从这个角度可以看出编者所强调的重点。

许多诗文完全是因为被选入《文选》才得以为后人所知。220年曹丕所著《典论》中的一段也是因此得以保存。本章节的最开始引用了《典论》中的一段赞扬性文字。在这段话中曹丕所宣扬的文学永恒论，并不能代表中国特有的价值观。而"文人相轻"的说法亦不能代表典型的中国人关于文学的看法。曹丕是曹操的儿子，比较重权势轻文学，其观点更倾向于贬低创作对于社会的责任。而如今的中国人则把曹丕的这篇小杂文看作中国文学理论的开端。

大约完成于502年的《文心雕龙》，作者刘勰，选取了一个完全不同的角度。这本书把文学作品的道德和说教义务放在首位，选取各种传统例文，如历史著作或者哲学作品进行研究，并对文学形式和功能进行探讨。真正的阅读乐趣在这里很难找到：

> 凡文集胜篇，不盈十一；篇章秀句，裁可百二：并思合而自逢，非研虑之所求也。[1]

如今，我们可以把中国古代文学看作是反映历史持续性和历史发展的舞台。一方面，古代文学对统治阶级维护其社会秩序起到了积极的执行作用；另一方面，古代文学也是时代的反光镜。如果文章的作者具有宽广的视野，那么文章也会涉及有关个人经验的描写、反思以及他们对于正义感的感受。读者在读文章时可以感同身受：

> 夫缀文者情动而辞发，观文者披文以入情，沿波讨源，虽幽必显。世远莫见其面，觇文辄见其心。[2]

或许是忌惮文学创作的借古讽今，秦始皇帝于公元前213年下令烧掉所有的

---

[1] 刘勰《文心雕龙》（502）卷四〇。
[2] 刘勰《文心雕龙》（502）卷四八。

历史、哲学以及文学古籍。历代国家机器致力于禁锢知识分子的思想，排斥古代文化遗产的精神影响，通过控制历史记录来达到其粉饰太平的宣传效果。即便是后期变成了受害者角色的儒家学者们，往往在最开始也曾非常活跃地参与了禁书、审查书籍和没收书籍的活动。大批的古典文学随着时间的流逝微妙地丢失了，因为后世的学者总是以废寝忘食的精神参与修订和统一前人所留下的文字。

帛画(湖南长沙马王堆1号墓,公元前2世纪)^①

身殁名纪,阐于万祀。^②

---

① 图片来源:傅举有、陈松长《马王堆汉墓文物》(长沙,1991)第19页。
② 高彪(卒于184年)墓志铭,转引自洪适编著《隶释》(1166)卷十。

46. 生死界限

1972—1973 年,长沙马王堆三座汉墓中的两座里都出土了一种 T 形帛画,这种帛画有可能是出殡时用来招魂的幡。如果可以确定 3 号墓于公元前 168 年下葬,则 1 号墓要稍晚一些。整个丝帛布满图案,两幅画的内容基本雷同。用到的绘画颜料有朱砂、赭石、银、靛蓝、藤黄和牡蛎白等,部分轮廓线用墨勾勒。

1 号墓出土的帛画长 221 厘米,最宽处达 92 厘米,画面可分成几大部分。画面纵向中央有一块环形玉璧,两条龙交叉穿过玉璧,占据画面两侧。玉璧上方的平台中央站立着一位夫人,她周围侍立的众人衬托出她的主人地位。这位夫人很可能就是墓主人,后来对尸体的医学检查也提供了部分证据,从墓主人保存完好的尸体上检查到她患有脂肪过多和动脉硬化症。

下半部分被一个巨大的磬盖住,下面可以看到一些人和巨大的盛食物的长颈壶及三足壶,看起来像是在举行祭祀仪式或是给死者提供冥食。这些人脚下的地板被一个强壮的神灵双手举起,神灵站在两条鱼背上。综合旁边别的象征动物和场景,可以推断这一部分描绘的是地下世界。

横向部分中央挂着一口钟,和前面提到的磬一起,这两种都属于演奏庄严音乐的最重要的乐器。钟上方一侧悬着弯月,带着象征月亮的蟾蜍和兔子;另一侧是太阳,上面画着金乌。上方正中是一个人首蛇身的形象,或许象征着女娲,一位女性创世神。两侧相对还有两条龙和各种各样的复合图案、动物、植物等。中间是一道门,两个人和两只豹子在这里站岗。这道门很有可能象征着天界之门。这样整幅画可以分为三个部分,从下往上分别是地下、人间和天上。

早在秦帝国统一之前,就有一种认知逐渐浮出水面,这种观点认为人体内有两种灵气:身体灵气称为魄,而精神灵气称为魂。在死亡来临的瞬间,两种灵气分开。精神灵气重新回到它本来的发源地空气当中,而身体灵气还停留在身体里一段时间。前者是祖先崇拜的对象,后者须安葬和悉心关怀,否则有很大的潜在危险,魄有可能转化为厉鬼祸害家属。

丝帛中的图案可以如此解释:在生者的生活领域之外存在其他的宇宙领域,一个人的魂魄死后归属于这宇宙领域。这种解释看起来既具有吸引力又有始有终,除此之外,并没有其他更有说服力的解释。不过这种解释过于简单,这种把灵魂一分为二的刻板的二元论说法在中国古人流传下来的文字中并没有得到太多的共鸣。丝帛中所反映的天堂和地下的关系在同时期的文字中也并没有找到多少证据。与此相反,当时的人把精神和身体上的灵魂归属到同一个地方,一般来说在同一个“圣”山上。

与之平行或者交叉的是人们对待死亡的态度。人们对待死亡好像是在执行一个官方文件的规定,在马王堆墓穴中,考古学家也发现一些文件,足以证明葬礼好像是一个官僚仪式。尤其对于殉葬品物件及其数量的选取,程序堪称繁复。一般的说法认为,陪葬进墓穴的物品都应该是能够保证死者在彼岸过上舒适的生活,这种说法并没有立足之地。事实上陪葬品首先代表了对于死者公正的评价、对于死者等级的记录,以及本人个性的描述。而这种礼仪是做给谁看的,并不清楚,但是我们至少可以确认两个方面的受益者:生者和死者。对于生者而言,死者的继承人可以利用陪葬品显示其社会名望;而死者则可以用这些陪葬品在物质匮乏的阴间得到通行证,获得合适的社会地位。

许多风俗礼仪和经典文字所规定的标准并不相同,这也许和地区差异以及社会阶层的差异相关,到如今这些差异也难以再现。而“有生必有死”的观念是亘古不变的。由此可见,中国人对于死亡持有理性的看法。理性的另一面,却是从封建社会初期就在发展的另外一种对于死亡的理想化观念,即对于天堂的渴望。

在一些远离中原文化的偏远地带、云里雾里虚无缥缈的地方,常年集结着一些服食仙丹的人们,以求长生不老。且不说这些服食铅或者水银的人常常落得痛苦死亡,那种进入天堂的境界并不对每个人都具有吸引力。即便是有些执迷不悟的炼丹师自己也承认:

> 天上无复能乐于此间耶,但莫能使老死耳。天上多有至尊相奉事,更苦人间耳。[①]

[①] 葛洪《神仙传》(335)卷一。

石板上的浮雕——老子和玉帝(出土地不明,6 世纪)[1]

吾言甚易知,甚易行。天下莫能知,莫能行。[2]

---

① 图片来源: Stephen Little 和 Shawn Eichman《中国道教和道教艺术》(芝加哥,2000)第 170 页。
② 老聃《老子》或《道德经》(传说写于公元前 6 世纪,应不早于公元前 4 世纪成书)第七〇章。

47. 即兴与守礼的道教

这块两面经过处理的高 27.8 厘米、宽 27.5 厘米的沙石板正面刻有人物浮雕。左边较大的这个人像旁边有文字注明是玉帝，右边较大的这位可能是老子，后面站着三个侍者。尽管从制作浮雕和人物结构等表现方式，特别是衣服上的皱褶等细节来看非常有佛教特色，但从冠饰和超长的胡须还是可以明确判定为是道教形象。石板左侧刻有日期为隆绪元年十一月二十五日。这件雕像是一位妇人通过一名道士捐赠的，为了给她的母亲和儿子祈福。出土省份已不可知，目前它被收藏在北京的国家博物馆内。

对于在真实历史中并不存在的玉帝的崇拜相对来说历史并不久远。在公元 6 世纪前还没有出现，自唐朝以后才逐渐传播开来，到了宋朝才正式出现在官方祭祀中。祭祀时玉帝并不仅仅是道教最重要的神灵之一，而且是作为多神崇拜中的一员，和祖先及魔鬼并列在一起。

老子本是书名，即《道德经》的本名，而并不是作者的真名。正史记载认为，该书作者为老聃，生活在公元前 6 世纪。这个说法非常可疑。至少这本书的主体最早不过完成在公元前 4 世纪。随后其书名被逐渐人格化，到了汉朝被神化了。由于民间不断增强的对老子的崇拜，皇室于是在官方祭祀中赋予他一个正式的地位。

把政府规则和道教思想整合在一起，简直就是对命运的讽刺。尽管在《道德经》前后八十一章中只占几个小的段落，但是很明显地体现了这种哲学的无政府主义的基本立场。它并不是简单的不问政治，而是很难和"庙堂之治"协调一致。看看这本书里所提倡的吧：

> 绝圣弃智，民利百倍；绝仁弃义，民复孝慈。[①]

和这种激烈的思想相应的还有道家中心理念"无为"。这个词经常被翻译成"不作为"，这是对这个术语的一种误解。"无为"并非代表消极或者懒惰，而只是在当一种举动会影响到事物本身固有运转规律时选择放弃。更加难以把握的是"道"这一表述，这个字可以追溯到老子的哲学思想，并成为以此为基础的宗教之名。这个字从词源分析，最初含义为"道路"。后来经过发展演变，其内涵不断扩充，最后拥有多种完全不同的意义。这也给翻译带来了多种可能，在其书中就有"纪律"、"意义"和"终极真理"等。

宽阔发散的阐释空间，这也许是能够从这样一种强调松散自由的哲学思辨中引出一个等级森严而又世俗官僚化宗教组织的原因。类似的有公元2—3世纪成立的天师道。天师道的首领自称天师，是玉帝派到凡间的，他带领大家进行的祭礼，往往在不经意间和"散漫的传统思想"背道而驰。如今的天师道只是道教的一个小的分支，但是他们继承了自汉朝以来的天师谱系，他们强烈要求受到尊重，因而有时会被翻译为"教皇"。

总的来说，这种威望在内部弟子立场和外部其他宗教追随者感受的双重夹攻下被大大削弱。这种情形在公元4世纪就出现了。当时新建立了一些教派，特别是上清派和灵宝派的成立，吸收了大量精华弟子和新的组织形式。在组织形式上多模仿佛教，把庙宇建设作为基础。当然，即便是这样，"官僚化"也势必不会太晚到来，最终道士们的各种日常细节处处须依照规矩行事：

> 辞出外境及归，或经月，或经年，且须先礼三拜，然后长跪伏地，重感拜讫，乃通寒温起居，此为事师之礼。……若无急事，不须冒涉风雨泥涂，隆寒大热，披褐狼藉，人所恶见。……出入城市、村曲，见人行非礼不轨之事，或闻不善调谑之词，即低头直过，慎勿顾之。……凡斋，上下相顾、望食迟者，

---

① 《道德经》第一九章。

稍须急食。食急者，即须迟食，务令齐整。^①

《老子》，或者同时代哲学思想相似的《庄子》的作者和修订者们如果有机会亲身经历这些后来与他们相关联的繁文缛节，将会万分惊诧。

---

① 佚名作者《玄门十事威仪》（成书于7世纪中期）卷一。

青铜镜(山西太原,8世纪)①

未能事人,焉能事鬼? ……未知生,焉知死? ②

---

① 图片来源:山西省博物馆编《山西省博物馆馆藏文物精华》(太原,1999)第66页。
② 孔子《论语》(约公元前450年,孔子去世后其弟子记述,公元前2世纪补充整理)卷一一。

48. 儒家正统思想

对于这件 1979 年出土的青铜镜（直径 13.1 厘米）的来历我们所知甚少。断代为唐代是有说服力的，更进一步可具体到大约 8 世纪。画面上是两个人，通过上面的字迹辨认是孔子和荣启期。这里描述的应该是那个传说，孔子问荣启期为何欢乐，答曰："夫贫者士之常也，死者民之终也，处常待终，当何忧乎？"[①]

孔子，原名孔丘，又被尊称为孔夫子，生活在公元前 551 年到公元前 479 年之间。在和他同时代的人中，再也找不到一个像他这样恪守礼法，并因此被视为楷模的人了。历史上流传到今的人物形象中，没有人能够达到孔子对于此生的知足境界，孔子是唯一能够正确对待死亡的人，他并不认为死者会在彼岸继续生活。儒家并不把死亡本身作为重点来思考，而是更加关注面对死者和家属时的行为规范。虽然悲痛并不能够通过一个正式的仪式得以缓解，但是用正确的礼仪来表达哀悼有着非常重要的意义。出于这种思想，一部汉朝的儒家礼仪大纲直接为葬礼做出了刻板的规定：

知生者吊，知死者伤，知生而不知死，吊而不伤，知死而不知生，伤而不吊。……临丧不笑。……临丧则必有哀色。[②]

孔子及儒家弟子为社会制定了伦理道德规范，他们认为当时的社会需要大力

[①] 刘向《说苑》（公元前 20）卷一七。
[②] 戴圣《礼记·曲礼》（公元前 1 世纪，估计可能公元后 2 世纪末才成书）。

整顿。由于各种社会矛盾,人与人之间并非从来只有友谊关系。大多数情况下人分属于不同等级,人和人之间责任截然不同,由此产生了君臣父子兄弟夫妇等三纲五常。基于其表面上的道德制高点以及文化上的素养,上流社会的一些成员可以达到上流层次,而广大的老百姓则很难脱离下里巴人的层面。

孔子为规范个人行为预先设定了一些标准,如礼、仁、孝、智、义、德等。到了公元前3世纪,孟子和荀子在当时更加广阔的范围内对于这些规范提出了新的看法,他们设定的前提条件则完全不同。前者认为一个人出生时本性是好的,而后者认为人的本性是坏的,需要通过制定规则和教育来使其变得有纪律。

到了汉朝,儒家思想获得了更强有力的合法地位,自此,儒家思想变成了中国的国教,一直到帝制结束时期,儒家教条在中国都是行之有效的。几乎在同一个时期,人们开始崇拜孔子,祭拜孔子的礼仪渐渐演变为一种宗教活动。通过修建孔庙和立碑,儒家思想教育理念被全面展现。儒家经典著作不仅仅获得了学术经典的地位,而且还被赋予了神圣的宗教意味。在这种背景下,难怪那些负责诠释儒家作品的官员和那些在考试中就儒家思想做文章的学生,都变成了最狂热的儒家崇拜信徒。

某些情况下,一些为魔力所渲染的手段也服务于国家机器。以下这段文字中所描写的内容虽颇具讽刺色彩,但足以证明儒家弟子捍卫正义排斥异类的决心。这段文字描写了公元819年时任潮州刺史的韩愈成功地驱走了一头巨大的鳄鱼。他让人把一头猪和一只羊投入水中作为祭礼,就此写了一篇文章:

> 今天子嗣唐位,神圣慈武,四海之外,六合之内,皆抚而有之;况禹迹所揜,扬州之近地,刺史、县令之所治,出贡赋以供天地宗庙百神之祀之壤者哉?鳄鱼其不可与刺史杂处此土也。刺史受天子命,守此土,治此民,而鳄鱼睅然不安溪潭,据此食民、畜、熊、豕、鹿、獐,以肥其身,以种其子孙;与刺史亢拒,争为长雄;……潮之州,大海在其南,鲸鹏之大,虾蟹之细,无不归容……今与鳄鱼约:尽三日,其率丑类南徙于海,以避天子之命吏;三日不

能,至五日;五日不能,至七日;七日不能,是终不肯徙也。……刺史则选材技吏民,操强弓毒矢,以与鳄鱼从事,必尽杀乃止。其无悔![1]

就在当晚,狂风大作,鳄鱼逃之夭夭。

---

[1]　韩愈《祭鳄鱼文》(819),转引自《韩昌黎全集》(台北,1963)卷三,第748—749页。

信　仰

彩绘贴金大理石观音像（陕西西安，6世纪）^①

（法显自印度归国途中海上遇风暴）唯一心念观世音及归命汉地众僧：“我远行求法，愿威神归流，得到所止。”^②

---

① 图片来源：李健《丝路的荣光——古代中国艺术》（代顿，2003）第 150 页。
② 法显《佛国记》（420）卷四十。

49. 佛教诸神——佛和菩萨

　　1992 年在西安郊区出土了三尊相似的大理石佛像,从其豪华的衣服形制上可以辨认出是菩萨雕像。菩萨是未来佛,因为同情世人放弃了涅槃。图中所示雕像通高 79 厘米(包括基座)。这座雕像额头圆形头饰上的阿弥陀佛像,还有手中所持的水瓶和杨柳枝,表明这是一座观世音菩萨雕像。他在中国通常被称为观音,因其大慈大悲而常被呼唤,后来被转化为女性形象。这尊雕像的雕刻风格显示它出自北周(559—581),当然出自稍晚一些时期的可能性也不能完全排除。

　　乔达摩·悉达多,后来被人尊称为佛(觉者),他的准确生卒时间还存在争议。他的思想影响的范围也有一些不太清楚的地方。但无论如何可以确定的是,这位佛教创立者生活在大约公元前 6 世纪末或 5 世纪初的印度北部。他的苦行主义学说要在他死去很久以后才赢得大量信徒。

　　在他的故事流传过程中,佛教衍生出了无数个流派。其中两个主要的源流是更加追溯历史的小乘佛教和稍晚出现的大乘佛教。"上座部"(意为"老者的学说")本是小乘佛教的一支,现在被作为小乘佛教的同义词代表总的方向。他们的信徒更喜欢这个名称,因为"小乘"有"微不足道"的含义,往往为大乘教徒在名称上加以攻击。

　　所有佛教徒的最终目标都是找到一条出路,可以摆脱无穷无尽的生死轮回,最后达到涅槃。能够完全战胜所有不幸和欲望,最终铺平去往涅槃道路的少之又少,因为去往涅槃的前提是要切断尘缘,通常要在寺庙隐居一生。大部分人最多只能通过积德行善，为来世祈福。佛教认为，这一世所做的事，无论过错或是德行，都会决定来世的成败。

虔诚的上座部佛教徒认为只能通过自己的努力而不能接受外部帮助来得到解脱。与之相对，经过长途迁移并与当地传统文化融合过后的大乘佛教中，不仅是僧侣，而且还有广大普通信徒们都希望在他们的解脱之路上得到外部帮助，特别是菩萨们的帮助。被认为能够救苦救难的观音菩萨在中国获得了最大的崇拜。

这一点与阿弥陀佛有密切关系，他又被称为无量光佛，是"西方极乐世界"的教主。在遥远西方的极乐世界虽然在学者眼里离涅槃还差一步，但对于大部分民众而言却极其诱人。因为其具体详细的介绍相比难以把握的涅槃让人更易接受。它不是复杂难懂的思想理论引导，而是简单明了地通过权力要求认证。这种思想促使一些统治者让人把他神化为菩萨。

另外特别受欢迎的还有弥勒佛，信徒们期待他降临时，可以把世界一下从俗世的各种不幸痛苦中拯救出来。佛教各个流派之间的分界线不是很明显，其时间顺序也不是很清楚。有据可查的是，佛教最迟于公元 2 世纪沿着丝绸之路传到中国，大约同时期也从海路传入中国。它能够在中国站住脚跟并很快发展壮大成为主流宗教，是人们没有预料到的。它的许多特性和当地的世界观及礼法风俗几乎毫无关联。

佛教从本质上来说是站在皇权的对立面的。佛教推崇的孤身出家入寺，还有对佛骨舍利的狂热崇拜，严重削弱了以仁为本的集体生活理念和以家族为中心的祖先崇拜及血统优势。另外，高高耸立的佛塔高度超过了皇家宫殿，影响了皇帝从建筑艺术上想要强调的"天子"高不可攀的地位。

类似佛塔的还有巨大的佛像，在中国没有可以与之相比的世俗雕像。其实即便在佛教的发源地，信徒们决定把神佛塑造成人像进行祭拜，也是在佛教建立很久以后的事。而各种不同等级佛像塑造齐全就更晚了。这其中最有影响力的要数犍陀罗风格，这种雕刻风格以地名命名，犍陀罗坐落在如今的巴基斯坦北部和阿富汗东部地区。

从佛教"中心地"印度传出的佛教,其中心思想被稳定地保留下来,而其美学标准却改变很大。大约在进入公元纪年后不久,佛教艺术中加入了很多西方元素,明显受到希腊文化、巴克特里亚和罗马文化的影响。这些影响从大部分作为雕刻佛像流传至今的遗迹上可以明显看出,如人体比例、衣服褶皱等。从侧面看雕像的卷发、大眼睛和轮廓鲜明的嘴巴特别引人注目。这些特征在后来被传到东方,在中国遇到中国传统文化后再次发生变化。

除了各种雕像外,佛教艺术最直观的表现形式是壁画。它可以把超越感官直觉的佛国用具体的形象显现出来。特别是在塔克拉玛干戈壁边缘的庙宇佛窟遗迹中,还可以看到源自古代和中世纪时的虔诚描绘。单单只是在甘肃敦煌一地就还有近 500 个洞窟,里面保存着总面积大约为 4.5 万平方米的壁画。

这些在敦煌,还有克孜尔和吐鲁番等地发现的壁画当然不仅仅是虔诚信佛的证明,更加有意义的是,通过壁画上涉及的日常生活的内容,我们可以一瞥当时的社会生活,研究历史发展先后因果关系。这些壁画内容涵盖了超过一千年的漫长历史,直到蒙古人还有禁止图像崇拜的伊斯兰教的入侵,才将其终结。

大雁塔(陕西西安,7 世纪)[1]

塔势如涌出,孤高耸天宫。登临出世界,蹬道盘虚空。[2]

---

[1]　图片来源: 罗哲文《中国古塔》(北京,1994) 第 136 页。

[2]　岑参《与高适薛据登慈恩寺浮屠》(752),转引自《岑参集校注》(上海,1979) 第 101 页。

50. 寺庙和佛塔

　　坐拥超过百万人口的唐都长安是 8 世纪上半叶世上少有的大都会之一。访客们肯定都对金碧辉煌的皇宫、巨大的行政范围和生意繁忙的市场印象深刻。最引人注目的是许多佛塔，它们高高耸立，远超其他建筑。其中两座保留至今。过去它们都坐落在拥有重重庭院的巨大佛寺中，如今它们属于这个城市最重要的文化遗产。

　　现今通高 64.1 米的大雁塔建于公元 652 年，矗立在大慈恩寺中，西行求法归来的著名高僧玄奘曾是这里的住持。初建的大雁塔不是特别坚固，到 8 世纪初就进行了一次全面翻修，层数也有所增建，在那之后就只是定期地维修。

　　由宫廷贵女们捐建的小雁塔，如今通高 45.8 米，建成于公元 707 年，坐落在大荐福寺中。小雁塔在 1555 年地震中遭到破坏，原有 15 层，现在只剩 13 层，其塔身也因地震损毁许多砖石，显得较为纤细。

　　中国佛塔源自印度舍利塔，塔内用来保存佛祖舍利如佛骨、佛牙、佛发等，或者是其他珍贵的物品或经书，一般不可进入。佛塔有如纪念碑，寄托着对佛祖的思念，也是其学说的象征。

　　按照这种思想，佛塔的建造风格在各地区迥异。在上座部佛教传播地区和受印度影响较大的地区称为舍利塔，这种塔分为三大部分：（1）带台阶的底座，多层，象征着"神山"；（2）塔身，通常为弓形结构；（3）塔顶，尖端上常伴随有宝盖、风旗、金刚石花蕾。

在中国大部分地区占统治地位的是大乘佛教的各个流派,佛塔建筑也有很大不同,其形制可追溯到汉朝以来常见的瞭望塔形状。中国式佛塔大多高高耸立,它们通常有以下特点:(1)塔下有地宫,保存有舍利或佛经;(2)有地基和基座;(3)多边形塔身,层数为单数;(4)塔尖中空,可放置物品。

佛塔通过许多楼层来展示其占据高于周围房顶的"天上"的领域。为了保证其稳固性,和大部分可靠性有限的廊柱型宫殿和庙宇不同,佛塔很少采用木结构。在佛塔建筑中大量使用砖石结构,一则是为了使这座丰碑长久矗立,二则是宣示宗教的神圣庄严。

一个特别能够清楚地反映出对宗教的敬畏的例证是法门寺塔。1981年,距西安西侧约100公里处的法门寺塔倒掉了。为了重建法门寺塔,考古学家对塔基进行清理,意外地在塔基下方发现了一个建于公元9世纪的"地宫",从中找到了佛指骨舍利。在地宫里的三个房间中还发现了大量珍宝,大部分是皇室赠送的礼物,其中有121件金银器、19件秘色瓷、19件琉璃器等。部分琉璃器来自伊斯兰教统治下的西亚地区。这些琉璃器和许多当时来自西亚的金属制品证明了在那个时代,人们对进口和仿制西亚地区的奢侈品很感兴趣。

对于占地面积不大、缺少公共空间而又被密集的围墙分割成支离破碎的坊市的城市来说,高高耸立的佛塔不啻为一道靓丽的风景线。从这些庙宇建筑群的内部看这些建筑和从外面街道上看又有所不同。城市中的高层佛塔不能和建在乡下的寺院内的灵塔一样单独或是成片建造,而是必须考虑和周边环境和谐融为一体。

这种观念的背景是风水学理论。作为这种学说的名称,"风水"一词在20世纪才被采纳。在这个名字下的各种形成文字的经验总结,不仅是关于高层建筑,还包括有关墓葬建筑和周边环境及自然规律的关系等学说,其源流真正能追溯到远古时代的很有限。现存的各种风水流派所引用的有千年历史的古代文献,其版本却多是出自帝制晚期的。

至少可以确定的是,风水学在如今已发展成一门很时髦的生意,一些中国的高层建筑上能看到佛塔建筑的影子也不是偶然。此外风水学如今在欧洲和北美也有很大市场。在这件事上,风水这个词的涵义发生了令人惊叹的转变,从被批判的迷信变成了神秘的健康科学。

"佛指骨" 舍利(陕西法门寺,9 世纪)①

今闻陛下令群僧迎佛骨于凤翔,御楼以观,舁入大内,又令诸寺递迎供养。⋯⋯
然百姓愚冥⋯⋯更历诸寺,必有断臂脔身以为供养者。伤风败俗,传笑四方,非
细事也。夫佛本夷狄之人,与中国言语不通,衣服殊制;口不言先王之法言,身
不服先王之法服;不知君臣之义,父子之情。假如其身至今尚在,奉其国命,来
朝京师,陛下容而接之,不过宣政一见,礼宾一设,赐衣一袭,卫而出之于境,不令
惑众也。②

---

① 图片来源:韩金科《法门寺》(西安,1994)第 142 页。
② 韩愈《论佛骨表》(819),转引自《昌黎先生集》卷三九。

51. 圣骨崇拜和自我牺牲

1978 年的一场地震,将距离西安西侧约 110 公里远的古凤翔境内的法门寺损毁严重。三年后寺中心建筑——一座建于明代的砖塔倒塌了。这座塔据历史记载是现存最后一座按照自东汉开始的传统建筑风格建造的古塔。1987 年考古工作者为第二年重建佛塔做准备,进行了系统全面的考古清理工作。清理过程中,考古学家意外地发现了塔基下的一座"地宫",从中出土了数千件唐朝器物。据随同出土的碑刻记载,这些器物是公元 874 年唐朝皇室最后一次捐赠,由当时年仅 12 岁的皇帝僖宗所赠。它们和以往多次赠品一起,显示了宫廷艺术的高超质量。

在法门寺出土的珍宝中,还有四枚佛指骨舍利,它们被装在多重宝函之中。以其中一枚指骨舍利为例,先是外面有七层宝函,这些宝函由檀木、银、金、绿松石、玛瑙和珍珠等制成,宝函表面绘有动植物花纹和佛、观音及四大天王像做装饰。用来保护指骨舍利的最后一重保障是一座唐朝建筑风格的宝珠顶单檐纯金塔(高 7.1 厘米)。

这套"八重宝函"是唐懿宗在他驾崩前不久于公元 873 年赠送的,用来保存在法门寺已经供奉好几百年的"大圣真身"(礼单上所书)。宝函的具体制造时间已不可知,不排除某些部分早在 7 或 8 世纪已经制成,最终一起用在法门寺。

唐懿宗和唐僖宗这种行为是继承他们前任帝王的传统,通过这种大张旗鼓的宣示不仅是要表示对佛教的谦恭,而且也是通过这种方法巩固其统治:用这种大吹大擂的奉迎佛骨的游行营造一种盛世的氛围。此外也有一些统治者不光要做"天子",还要把自己粉饰为佛或者菩萨。

最初信徒们只是膜拜释迦牟尼的舍利,后来一些高僧的身体舍利也被顶礼膜拜。这种神迹当然发生在死后火化时,往往伴有异象出现,比如有关公元824年圆寂的高僧无业的传奇记载:

> 积香薪而行茶毗。乃有卿云自天五色凝空。异香西来都馥氛氲。阖境士庶咸皆闻睹。及薪尽火灭,获设利罗璨若珠玉。①

当然佛教也并非总是从皇家得到支持,有时也会遭到残酷的限制。公元844年,在都城长安停留求法的日本僧人圆仁在他的日记中记录了皇帝的一条诏令,是专门禁止法门寺佛指骨供奉及巡行庆典的:

> 如有人送一钱者,脊杖二十。如有僧尼等,在前件处受一钱者,脊杖二十。……因此四处灵境,绝人往来……准勘责彼处僧人,无公者,并当处打煞。②

佛教的对手通常在辩论中会攻击它对身体的处置方法,这种方法与中国传统其实并不一致。从儒家观点来看,在他们身边发生的舍利崇拜简直就是真正的挑衅,这种鼓吹毁坏身体的行为是赤裸裸的夺权。因为死留全尸是儒家思想中举行合乎礼仪的葬礼和祭礼的决定性前提条件。

很少有人能够像唐朝时的大臣和诗人韩愈那样,把对佛教的质疑表达得如此鲜明和精辟。他在819年上书皇帝(如本文前引用),希望能抑制皇帝对奉迎佛指骨舍利的高涨热情。这通充满勇气的批评不出意料地引发了皇帝的震怒,只是出于有力朋友的说情,诗人才得以避免被处决的下场。

佛教的辩护人通常毫无顾忌地维护他们的理论。此外他们还在一些佛经中,如《法华经》和《莲华经》等,为自残和自杀张目。类似事例更多地出现在唐代,和舍利崇拜、自身献祭交织并行。

---

① 赞宁《宋高僧传》(988)卷一一。
② 圆仁《入唐求法巡礼记》,会昌四年(844)三月。

一些和尚和尼姑经常尝试还在活着时自焚,希望用这种方式完全消灭其身体。从唐朝至今,民间有一种风俗,从身体上割一块肉作为药,来给生病的家人治病。在这件事上,儒家的孝道和佛家的自我献身精神有了交集,屡禁不止。

石棺上的粟特人像（陕西西安，6世纪）[1]

大周凉州萨保史君石堂……本居西域……徙居长安……大象元年五月七日，薨
于家，年八十六。[2]

---

[1] 图片来源：荣新江、张志清《从撒马尔干到长安——粟特人在中国的文化遗迹》(北京，2004)第 64 页。
[2] 尉各伽(Wirkak)墓志铭。

52. 火祭坛上的礼仪——祆教

2003 年在西安城区出土了一具房屋状石棺,长 246 厘米,宽 155 厘米,高 158 厘米。棺内所葬是一对夫妇。从用两种语言书写的墓志铭得知,这对夫妇是来自康居(今乌兹别克斯坦境内)的尉各伽(wirkak)先生和他的夫人,于公元 580 年安葬于此。中文版内容中未写明墓主人姓名,只写了他们来自何方。石棺沉重的壁板明显是中国木结构的样式,上面刻满装饰花纹。浮雕中有一幅特殊的"鸟人"图像。他戴有一个口罩,应该是为了避免弄脏神圣的场所,右手握着一束细枝伸向圣火坛,脚边放着祭品。这幅画面似乎很有可能是在举行一场死亡祭礼,但最终无从证明。

另外一件有同样意义的文物来自公元 592 年,位于唐都长安东北约 500 公里处的虞弘墓。虞弘来自遥远的西方,他曾多次担任使团成员,也曾和尉各伽一样,短时间担任过定居此地的祆教徒管理者这种领导职务。他死后也被安葬在这种房屋式石棺中,后来还有他的夫人。其棺壁上的浮雕不仅展示了一种在中国人看来充满异国情调的日常生活情景,还非常具体地展示了祆教礼仪。

关于祆教我们所知甚少。该教又被称为琐罗亚斯德教或者拜火教。其创始人为琐罗亚斯德,生于公元前 7 世纪。他写的书被收归于祆教圣典《火教经》中。这部流传至今的经典,其形式明显是出自公元后的。祆教的发源地基本上是在伊朗。

这里也曾是萨珊王朝统治者大力推动法律编纂的地方,因为他们要为他们的子民建立统一的世界观和明确的行为规范。

从那里开始,沿着丝绸之路,祆教处处留下了它的足迹。特别是彭吉肯特的壁画上的圣火坛和祭拜活动中的生动形象,证明了祆教曾经传播到粟特人这里。最终估计是来自阿姆河和锡尔河之间贸易中心的商人们把祆教带到了中国。一些华北和华中发现的6世纪末的文物清楚地表明,其所反映的内容来自今天乌兹别克斯坦和塔吉克斯坦地区。

从图中祭礼可以看出,这个宗教的宇宙哲学和伦理建立在好与坏鲜明对立的基础上。没有证据显示,中国本地人对这一宗教有太大的兴趣,其信徒始终主要是外国人。而他们的礼拜处于政府部门的严格监管之下,原则上这种监管对所有宗教一视同仁。祆教徒甚至有一个自己的管理机构,其工作人员几乎全是外国人,主要是在粟特人中招募,令人惊讶的是他们往往能够占据高位。这种政治上和宗教上的领袖有一个头衔叫做萨宝,这个头衔可能来自粟特语,即一种伊朗语,意思是"商队领袖"。

7—8世纪时,在唐都长安有许多祆教寺庙,坐落于不同城区。可惜其建筑遗迹已荡然无存。有关其礼拜仪式也无从考证。不同于摩尼教和景教在中国的停留,有关祆教教义的文字记载几乎不可寻,连相关的翻译作品也没有发现。

在中国的祆教徒大多是商人及其家属,也有一些手工业者、艺术家和画家。他们大多来自布哈拉、撒马尔罕和塔什干地区,自公元4世纪起大量前往中国。有些迁移者——偶尔是被迫的——作为官员和翻译一同前往。迁徙期间语言融合度极低,而异族通婚——从墓志铭中概括的话——简直是凤毛麟角。

这并不意味着,祆教徒处处抱着传统习惯不放,拒绝改变。事实上从墓葬风格上可以看出他们既有坚持,也有改变。粟特人本来是等尸体气味散尽后把尸骨隔离保存起来,在中国他们受到当地丧葬风俗影响,至少上层人士死后常用石棺或是石床安葬。棺壁上常刻有两种文化的装饰画面,其主题往往借用佛教或摩尼教内容。

栗特文书卷上的摩尼教装饰画(新疆柏孜克里克 65 号窟,9 世纪)[1]

我希望,摩尼教徒们不要再热衷于为清洁的白纸和闪亮的黑墨付出大量的金钱了。请他们不要再给书法赋予如此高的地位,给书写者少一些关注。因为事实上,我还从没有在他们的书本里看到同样高质量的纸和墨。[2]

---

[1]　图片来源:中国历史博物馆、新疆维吾尔自治区文物局《天山古道东西风——新疆丝绸之路文物特辑》(北京,2002)第 101 页。

[2]　译自 konrad kessler《摩尼教研究》(柏林,1889)第 366 页。

丙 辰

53. 摩尼教和景教

在吐鲁番柏孜克里克洞窟中发现的大部分文物是佛教题材的。1981 年在 65 号窟发现了一幅书卷,长 268 厘米,宽 26 厘米。这是一封用粟特文写的书信,属于一名摩尼教徒。书卷里贴有一张装饰画,画面上是两个头上带有光轮的人,在吹奏笛和笙。

决定摩尼教艺术表现形式的美学标准一直是来源于它固守的二元论。它的目的是反映光明、纯洁和神化的领域。其传播媒介并不在乎体积大小,即使是书卷和图画,应该体现的是图画和书法的尽善尽美。

相比袄教,摩尼教创建人的生平资料比较清楚。生于两河流域的摩尼死于公元 277 年,终年六十岁。他在世时曾到过伊朗和遥远的印度,到处传播他的学说。他希望把他的教义传遍萨珊帝国,可惜没有成功。在他死后,虽然经历了许多攻击和迫害,他的信徒们还是成功地把教义传播到了范围广大的地区,西到西欧、北非,东到东亚。虽然摩尼教传教区域巨大,从大西洋直到太平洋,但信徒数量很有限,因为其教区总是很小。只有在高昌国(以吐鲁番为中心),从 9 世纪中期起,摩尼教信徒团体才得到统治者持续的支持。

摩尼教的先知从各种传统文化中,特别是袄教、基督教和佛教中汲取养分。后来摩尼教在发展中也从不同地区吸收当地思想,比如在中国某些地区吸收过一些道教思想。在塔克拉玛干沙漠和戈壁边缘地带发现的大量文字证据,非常明确地证实了摩尼教思想和其他思想的融合。除了礼拜文、宣传册、寓言集和忏悔录等,在其赞美诗中,不仅摩尼被赞美为"光明佛",而且耶稣也被选定为"涅槃之王",并且"捐献解脱之香水"。

摩尼教的中心并不是神灵,而是一种理论。这种理论主要来自祆教的二元论。这种思想把世界分为对立的两面,如光明与黑暗、精神与物质、和谐与混乱、美好与丑恶等。摩尼教突出特色是等级森严的教会结构,只有少量"特选的"有特权的信徒有义务在寺院中进行有组织的苦修。此外有大量普通信徒,他们最重要的任务只是保证神职人员的物质需求。

这种组织形式至少能够保证用在维持经济和政治稳定上的时间足够充裕。因为大部分信徒来自商人阶层,这也导致粟特人在信徒群体中占重要地位。有时候出身、职业和宗教信仰有密切联系,而摩尼本人在一些文字记载中被称为"商队领袖"也绝非偶然。历史上最有名的摩尼教信徒却并不是富商,而是一位天赋异禀得近乎可怕的修辞学家——奥古斯丁(354—430)。而他对摩尼教的兴趣并没有持续很久。在他转投基督教后,他用充满讽刺的辩论战胜了他以前作为普通信徒所在的摩尼教团。

犹太商人在丝绸之路上的远途贸易中也扮演了重要角色。塔克拉玛干周边发现的一些残章断简证实了他们曾经的活动范围。传说犹太社区在公元前1世纪就在中国繁荣发展了,这一点无从验证。至少较大的犹太社区在唐朝以前并不存在。

那时第一次来到中国的较大宗教团体还有穆斯林和景教徒。后者从7世纪起建有寺院,这一点可以从建立在首都长安的一座碑上找到记载。在公元431年召开的以弗所宗教会议上,聂斯托利的学说遭到批判。仅仅几十年后,以他所强调的基督神人二性二格和真身复活理论为基础的教派在伊朗东北部建立起来。其传教士从赫拉特、梅尔夫和巴尔赫地区出发前往东方传播他们的信仰。

景教有自己特有的教义和礼拜仪式,往往也被称为"东方亚述教会"。在塔里木盆地发现了无数他们的文字证据,在吐鲁番甚至还能看到一座礼拜堂的遗迹。景教徒在他们的宣传册上喜欢采用一些佛教经典的表达方式。无论如何,他们很

少能达到佛教文学上的造诣。用自己独立的语言风格表述宗教内容是何等的重要,从以下有关玛利亚受孕的叙述中可间接了解一二:

> 天尊当使凉风向一童女。名为末艳。凉风即入末艳腹内。依天尊教。当即末艳怀身。为以天尊使凉风伺童女边。无男夫怀任。令一切众生见无男夫怀任。使世间人等见即道。天尊有威力。即遣众生信心清净回向善缘。末艳怀后产一男。名为移鼠。父是向凉风。[①]

随着蒙古帝国的灭亡,景教在东亚也走向消亡。在此之前它还曾短暂辉煌过一阵,至少在可汗面前他们阻止了天主教派出的代表。

---

① 阿罗本《序听迷诗所经》(638)。

乐伎俑(陕西西安韦洞墓,8世纪)^①

弦弦掩抑声声思……大弦嘈嘈如急雨,小弦切切如私语。^②

---

① 图片来源:李健《丝路的荣光——古代中国艺术》(代顿,2003)第 219 页。
② 白居易《琵琶行》(816),引自《白香山集》(上海,1934)第三卷,第 49 页。

54. 亦庄亦谐的音乐

公元 692 年，年仅 16 岁的韦洞被处决，成为短暂的武周政权（690—705）政治大清洗的牺牲品。直到李唐复辟后的公元 708 年，韦洞才被风光大葬。1959 年，韦洞墓穴被发掘，陪葬的陶俑中，有一组六个跪坐的乐伎俑，高度在 11—11.5 厘米之间。他们手中的乐器保存相对完好，从左至右分别是：（1）排箫，由六管箫并起，其中之一明显长于其他五支；（2）拍板，由六块小木板或铁板组成；（3）琵琶，通身平直，几乎没有颈部，直接到弦轴箱；（4）笛，带有多个竹节的竹笛；（5）箜篌，弓形竖琴，带有窄细共鸣箱；（6）笙，许多竹笛插在一个葫芦制成的风箱里。

从陶俑的外貌举止和着装打扮来判断，这些乐伎无疑都是中国人。这绝不能反映唐朝的普遍状况，大部分情况下，从古墓葬出土的唐代乐伎俑为胡人，主要为来自西亚和中亚的胡人。如果出土的是整个乐团，例如歌者和舞者都集中在一头骆驼背上的那种雕塑，则展示的更是浓浓的异国风情。这种异国风情的雕塑并不一定意在强调唐朝的人畜流通的灵活机动性，异族歌舞伎的演出一般在朝廷固定部门掌控之下，他们定居在京城，在需要的时候便献上一曲。

这些胡人乐伎并非自愿来到中国，他们的统治者出于外交或是商业上的考虑，将其作为附属品"强制送往"中国。历史上多次明文记载，有来自诸如粟特、日本、朝鲜、缅甸和苏门答腊等地的乐伎被作为贡品送到长安。偶尔这些礼物也会被送回，比如公元 631 年唐太宗曾下令放归两名新罗女乐：

> 贞观五年，遣使献女乐二人，皆鬒发美色。太宗谓侍臣曰："朕闻声色

之娱,不如好德。且山川阻远,怀土可知。近日林邑献白鹦鹉,尚解思乡,诉请还国。鸟犹如此,况人情乎!朕愍其远来,必思亲戚,宜付使者,听遣还家。"①

来自异域的节拍和旋律并没有受到中央集权的统一规划,这对其发展形势是非常有利的。那些墓葬中出土的异域乐器从一定程度上证明了异域音乐在中国的繁荣发展。笙、笛和排箫等吹奏乐器在中国源远流长,篥篌和拍板则源自亚洲其他地区,在第一个千年的中叶才在大江南北流行起来,而琵琶早在汉朝就已经引进到中国了。

当时占据统治地位的还有弦乐器琴、瑟和古筝。至少从唐朝开始的文学作品中就记录了这几种弦乐器的巨大反响,据推测,琴、瑟以及古筝是中国古代最具代表性的通俗音乐乐器。唢呐、龠和鼓队也常常被运用于不同的乐器组合之中,而如今交响乐中不可或缺的乐器二胡,则是到较晚时期才出现的。

有一种"被悬挂起来的乐器"在中国古代意义非凡,它们是磬石和编钟。磬石和编钟往往悬挂于特制的架子之上,人们用一个特制的锤子敲击这些乐器使其发出美妙的声音。一些保守的评论家不喜爱磬石和编钟,把它们划分到世俗的靡靡之音行列中,然而,这两种乐器一般来说属于礼仪专用乐器的行列。编钟和磬石的声音代表一种永恒,其使用可以追溯到商代。编钟和磬石音乐往往处于宗法礼仪的中心,服务于统治者的合法地位。它们所演奏出的音乐连接了宗教规定、社会秩序和政治任务。它们有一个使命:

> 故乐在宗庙之中,君臣上下同听之,则莫不和敬;闺门之内,父子兄弟同听之,则莫不和亲;乡里族长之中,长少同听之,则莫不和顺。故乐者,审一以定和者也。②

出于这种观念,音乐自古以来一直被置于一个官方控制的框架内。唐朝时管理音乐的机构多达十数个,分别负责教育、工资、组织音乐会、记录和审查等。汉朝

---

① 刘昫《旧唐书》(945)卷一九九。
② 荀卿《荀子》(公元前240)卷二〇。

时的官方监管还要更加严格,甚至多次要求解散音乐机构。特别是每当发生自然灾害后,领导层会反思,导致灾害的原因是经济上的过分压迫还是文化上的责任。这时音乐和舞蹈会被指责为"伤风败俗"或是"扰乱秩序"。这样的指责不仅针对"淫荡的"节奏和旋律,有时也仅仅因为不合时宜。比如大行皇帝刘弗陵还躺在宫中的灵床上尚未下葬时,汉废帝刘贺就急不可耐地召集歌舞娱乐。

刘贺由于其昏庸无度、错误使用音乐,其统治仅仅维持了 27 天,不久,其同党也被斩首。即便是刘贺这样触犯礼制滥用音乐,有关音乐的官僚机构也并没有因此而受到长期的影响。大概音乐在中国古人的观念中过于重要,音乐不仅仅承担着老百姓即兴表达兴奋感情的任务,还代表了宇宙秩序,其五音系统和五行相吻合,并因此影响日常生活的方方面面。

彩绘陶俑舞女（陕西西安白家口，公元前 2 世纪）[1]

提袂徐进，扬蛾微眺，芳声清激，逸足横集。[2]

---

[1] 图像来源：王仁波《秦汉文化》（上海，2001）第 81 页。

[2] 曹丕写于 217 年的信，选自欧阳询《艺文类聚》卷四三。

55. 舞蹈——异国情调和色情

1954 年,从西安白家口一处墓葬里出土的陶俑中有两个舞女俑,高约 50 厘米。两具陶俑身上都还有残存的彩绘,其中一位上衣为红色。修长的拖地长裙是典型的西汉式样。舞女长袖舒展,姿态优美,宛如正踏歌起舞。

在中国,最早的舞蹈和音乐一样,是礼仪的一部分。后来逐渐娱乐化,但即便到了秦帝国统一之后,还是可以从中找到最初的元素。当然统一之后舞蹈的主要作用已经是娱乐,从文字记载和考古发现都证明舞蹈多和宴会以及杂耍表演共聚一堂。除了这些文学作品和陪葬艺术品中反映出来的相当"开放"的风气,在私下场合,有时是极为私密的场合,应该也存在为皇帝及其幸臣们上演的刺激感官享受的特别节目。

除了一些有钱人为了提高"自身修养"而练习舞蹈和音乐,大部分艺人则是出身娱乐世家,把舞蹈和音乐作为事业代代相传。另外还有一种常见的做法就是把男童和女童送去或是卖去做艺术培养。这种培养使之进步很快,但也完全剥夺了他们的自由。这些艺人在很年轻时就必须做到非常专业,他们学习的是按宫廷标准要求的舞蹈和歌唱。

两汉时期歌舞团队由乐府负责,其费用由皇家内库开支。他们主要负责策划大型豪华庆典仪式。另外还有一些机构从事相关工作，如新人培训、设计剧目、排练舞蹈以及演出组织和后勤装备等。

更加明晰完善的艺术形式出现在唐朝。唐朝时的舞蹈分为两种，"健舞"和"软舞"。目前还没有确切证据表明到底是用舞动节奏还是伴奏音乐来区别两种舞蹈。通过角色分派可以表演预设的情节或是起到特殊作用，比如强调战争气氛或是表达安定和谐。除了这两种舞蹈之外，还可以通过队形变换形成不同的汉字：

舞者百四十人。金铜冠，五色画衣。舞之行列必成字，十六变而毕。有"圣超千古，道泰百王，皇帝万年，宝祚弥昌"字。[①]

最迟于汉朝来到中国的外国舞蹈和音乐表演被统一归入"健舞"，至少包括那些来自丝绸之路上的绿洲如撒马尔罕、塔什干或者库车的表演者。这并不是说，只有那种穿着长袖长袍的壮汉登台表演，跟着强劲的节奏向大众展示荒漠中的艰苦生活。特别引人注目的还有"胡舞"，看着像杂技一样："纵横腾踏，两足终不离于球子上，其妙如此也。"[②]

还有特别的期待可以被满足。唐代诗人，特别是白居易，曾形象地描述了那些裸露肩膀、腰间臀部挂着金饰和鲜花的粟特舞女被人们目光侵袭时的感触。这些热辣的舞女通常大部分有着特殊的命运，她们并非是为了更好的工作前景来到中国，而是作为贡品被中亚的统治者们送来长安。

如此看来，舞蹈作为异域风情和充满色情的表演非常受人欢迎，而对于上层来说，则可以一改平日正襟危坐的形象，以舞蹈作为隔离外人的工具，以舞蹈来显示

---

① 刘昫《旧唐书》（945）卷二九。
② 段安节《乐府杂录》（895）卷一二。

其文化优越感。从一定程度上来说,中国人对于舞蹈的理解今天也还是这样。每当有大型公共聚会,中国的少数民族都有一个特殊任务,即用载歌载舞的方式来展现边疆少数民族的多样文化。

东汉说唱俑（四川马家山，2 世纪）[1]

秘舞更奏，妙材骋伎。[2]

---

[1]　图片来源：中国历史博物馆《华夏之路》（北京，1997）第二卷，第 216 页。

[2]　张衡《西京赋》（2 世纪初），出自萧统《昭明文选》（531）卷二。

56. 小丑和杂耍

有一些随葬品很常见，在全国各地都有发现。也有为数不少的则是只存在于特定地区。比如这种说唱俑，迄今为止只在四川出土过。其表情栩栩如生，仿佛正陶醉在他表演的节奏中。画面上的这类陶俑高 48 厘米，1982 年出土于四川新都三河镇，他们只穿裤子，圆滚滚的肚子露在外面。他们的面部表情非常生动，经常显得很怪诞搞笑，有的显然是在做鬼脸。

同类型出土陶俑给人的印象是，他们都被刻画得很矮小。有关这点在文学记载上有相应的佐证，在书上小丑和滑稽艺人总是被描述为"侏儒"。考古和文学记载证明，大部分杂耍艺人是外国人，他们的表演主要集中在国都和城市中。这些艺人中有些是自愿加入巡回演出的，但大部分不是自愿来到中国，而是作为商品、礼物或是贡品被送来的。比如单是鄯善国王在公元 120 年一次就把近千名杂技艺人、吞火者、魔术师和小丑等送到洛阳皇宫，这些人还不是来自他本国的，而是来自更加遥远的"海西"。

在这种历史背景下，公元前 113 年下葬的刘胜墓中出土的两个小青铜人，他们宽阔的鼻梁、鼓起的两颊和丰满的嘴唇也暗示着他们的身份。这两个人很有可能为"说唱艺人"，但还没能最终确定。他们留着大胡子，穿得很少，上半身大部分赤裸，身上主要是黑色。看起来像是两个非洲人。这种假设还没有完全得到证实，但可信度非常高。还有一种可能是，在西汉时期来华的外国人中，有些来自南亚和东南亚，那里的人肤色也比较黑。

有雄心的说唱艺人适合做宫廷小丑,当然这种职业风险较高,孔子曾说:"笑君者罪当死。"①重要的是,要把请求不假思索地既准确又搞笑地表达出来,这样其影响就不可轻视了:

> 玄宗问黄幡绰:"是勿儿得人怜!"对曰:"自家儿得人怜。"上又尝登苑北楼,望渭水,见一醉人临水卧。问左右:"是何人?"左右不知,将遣使问之。幡绰曰:"是年满令史。"上问曰:"汝何以知?"对曰:"更一转入流。"上笑而止。上又与诸王会食,宁王对御坐喷一口饭,直及龙颜。上曰:"宁哥何故错喉?"幡绰曰:"此非错喉,是喷嚏。"②

从宫廷小丑和那些通过音乐和舞蹈出名的艺人来看,整个娱乐圈上位机会非常少。而其中那些在皇帝和贵族面前表演空中和地面杂技、平衡技巧(绳上舞)、球技和剑技、驯兽、吞火、魔术、口技和滑稽戏的奴隶们所占比例较高。他们的生活相比那些走街串巷赶年场,为生计表演的艺人们要优越得多。

周期性表演主要是在节日期间。节日的喧闹对于政府当局来说简直是眼中钉肉中刺。首先,每当节日庆祝,随之而来的可能是道德沦丧。特别是在每年的元宵节时,这种思想往往泛滥,不可收拾。隋唐时期多封上表中抱怨因元宵节庆祝导致如下情况:地位界限模糊、男女交往放荡、饮食无节制、财货耗费巨大以及短期内犯罪率上升等。

这种谏言基本没起什么作用,宫廷里自己也觉得挺有趣,特别是宫廷女眷们可都无比期待着凑热闹呢。元宵庆祝一直到 11 世纪都很热闹。建都杭州时甚至连灯火通明的皇宫也为庆典中的优胜者打开大门。随后人们整天都可以观赏乐伎、舞伎和艺人们的表演。这种庆祝只是当首都在开封时有过,有些年由于边境有战争威胁而没有举办,只举行了合乎礼制的典礼,让人们的期待扑了空。

除了元宵,其他节日也受到较多关注。比如五月初五端午节,全国各地都有赛

---

① 孔子《春秋谷梁传》定公十年(可能成书于公元前 2 世纪)。
② 赵璘《因话录》(844)卷四。

龙舟。还有八月十五中秋节,尽管人们早就发现八月十五月亮特别圆,但和家人朋友一起庆祝中秋、分享月饼的传统始于宋朝。月饼这种有圆月般外形、填有各种不同馅料的点心,直到今日还受到广泛的喜爱。

陶彩绘舞马（西安郊区，8 世纪）①

玄宗尝命教舞马四百蹄……时塞外亦有善马来贡者，上俾之教习，无不曲尽其妙。因命衣以文绣，络以金银，饰其鬃鬣，间杂珠玉。②

---

① 图片来源：中国历史博物馆《华夏之路》（北京，1997）第三卷，第 182 页。
② 郑处海《明皇杂录》卷一。

庚申

57.骏马和骑士

在北京中国国家博物馆所收藏的众多优秀的陶瓷艺术品中,有一座大约出土于西安市郊的高 40 厘米的陶彩绘舞马和一位高 36.8 厘米的驯马师。驯马师是身着异域服饰的外国人,站在马对面勒着缰绳。马强壮的腰腿弯曲着,前额与鼻子垂直,张着嘴,左腿抬起。马笼头上的嚼子清晰可见,同时它身上也配着各种马具,如马鞍以及马镫。

舞马可以追溯到唐朝之前的时代,到唐代完善并发展至巅峰。于公元 713 年登基的唐玄宗酷爱观看舞马节目。人们为舞马编制了特定的音乐旋律,舞马有一个固定的编舞程序,舞马表演的同时还会有其他才艺展示,而其中最令人印象深刻的是皇帝寿宴上的舞马表演,难怪舞马成为唐代艺术创作的一个重要母题。

另一方面,马球也是唐玄宗时代的重要话题。马球是一个多世纪之前从中亚传到唐朝的,玄宗是马球运动的粉丝。玄宗时代,宫中设有专门的马球比赛场地,比赛双方的体力和控球能力非一般人可比,随着音乐声响起,双方便开始了势均力敌的对抗,参加马球比赛的一般是有杂技特技的骑马者。马球比赛如此乐趣横生,却并不为天下所有人所追捧,一些不喜体力逞强的儒家学子曾经对此激烈批评。他们的批判不是毫无道理,因为马球曾经出现的难堪场面,让我们不难理解儒家学子们的心情:

> 上御梨园毬场,命文武三品以上抛毬及分朋拔河。韦巨源、唐休璟衰

老,随絙踏地,久之不能兴;上及皇后、妃、主临观,大笑。[①]

　　尽管马球运动要求快速并非常消耗体力,然而在唐朝,女子加入马球运动的例子比比皆是,而且女性往往是马球场上的凯旋者。统治阶级则把马球运动作为训练士兵的必修课程。除了马球比赛以外,唐朝比较流行的还有骑马狩猎。骑马狩猎的场景也是唐朝宫廷艺术的常见母题,通过骑马狩猎可以显示士兵的韬略以及强健体魄,为日后出征做准备。公元 8 世纪开始,骑兵成为帝国最重要的兵种,而骑兵邮政驿站则发展为帝国最重要的基础设施之一。与此相应,如果对战马进行了非法、过分使用或者使战马致死,则依照法律要进行严惩。一本源自 7 世纪中期的律书罗列了有关马匹的非法行径,其中包括过载、折磨、偷盗、宰杀官马或者驿马、对通关公文的作假而偏离指定路线或者绕过驿站不换马等等行为。同样,如果马场丢了一匹马,也要追究管理人员的责任。

　　这些规定并不是出于对动物的同情,而是出于对物资损失的考虑。因为大多数马都不是在中国培育的,必须要从中亚肥沃的牧场进口。进口的地区不受皇帝直接控制,自汉代开始就有附属国向朝廷进贡战马的文献记载。中国的兽医医学发展快速,从中可以证明中国人对于马匹价值的重视。此外,中国人非常重视马匹祈祷礼仪,这套祈祷礼仪规定皆为马匹健康存活而服务。

　　当然,药物与祈祷的作用是有限的,战争、动荡和瘟疫会给马厩带来灭顶之灾。因此,在某些时期,需要大量进口来弥补损失的马匹。唐代首个世纪马匹数量就翻番了,仅唐玄宗在位的前半期,马匹的数量就从 24 万匹增长到 43 万匹。

　　玄宗下令画师将其所钟爱的马以水墨画的形式保存下来,其中一副《照夜白图》为韩干所作,颇具表现力。韩干所延续的是唐朝前辈艺术家的优良传统,早在唐太宗时期,阎立本就擅长画马。阎立本比韩干早了一百多年,为唐太宗的宫廷画家,唐太宗陵墓上的昭陵六骏,即出自这位唐朝最著名的画家之手。

　　马匹的使用价值和艺术价值如此之高,唐朝的立法者甚至在法律中确立了马

---

① 　司马光《资治通鉴》卷二〇九。

的高贵地位。许多音乐篇章以马为主题,文学著作尤其是唐诗中不乏歌颂马的作品。出于对马的喜爱,唐代最著名的诗人之一杜甫曾经颂扬了马的品质:

胡马大宛名,锋棱瘦骨成。竹批双耳峻,风入四蹄轻。所向无空阔,真堪托死生。骁腾有如此,万里可横行。[1]

---

[1] 杜甫《房兵曹胡马》,选自《钱注杜诗》(上海,1961)第一卷,第293页。

孩童抱犬丝绸画(新疆阿斯塔纳古墓群 187 号墓葬,8 世纪)[1]

至大唐武德(618—626)中,(高昌国王)遣使献狗,雌雄各一,高六寸,长尺余,性甚惠,能牵马衔烛,云本生拂菻国(拜占庭)。[2]

---

[1] 图片来源: 中国历史博物馆、新疆维吾尔自治区文物局《天山古道东西风——新疆丝绸之路文物特辑》(北京,2002),第 232 页。
[2] 杜佑《通典》卷一九一。

辛 酉

58. 男人与狗

20世纪30年代，中国考古学家开始对阿斯塔纳古墓葬群进行系统的发掘。阿斯塔纳位于吐鲁番盆地，是古高昌国的首都。阿斯塔纳古墓群共有五百余座墓葬，出自公元3世纪到8世纪。此处葬有多名张雄家族人，张家自公元6世纪称雄当地。1972年，张雄及其夫人墓葬被发掘，张雄卒于633年，而其夫人卒于688年。墓葬中发现的一处文献出自公元744年，而这个年代也可以确定随葬品的年份。

出土文物中有一幅丝绸画残卷，高58.8厘米，宽47.3厘米，画上有两个年龄相仿、穿着条纹背带裤的孩童。其中一位左手抱着一只黑白斑狗，它的体形、大小与马耳他狗相近，这也许是一种东亚犬，可能是京巴狗与日本狆的先祖。

公元8世纪哈巴狗受到广泛喜爱，它和其他舶来珍品一样，经由丝绸之路流传到唐朝宫廷。至今仍然流传着一件关于唐玄宗的轶事：

上夏日尝与亲王棋……上数子将输，贵妃放康国猧子于坐侧，猧子乃上局，局子乱，上大悦。[①]

中国人和家犬的接触在早期就有记载。公元2世纪下半叶，在宫廷西园，酒足饭饱的汉灵帝曾经醉醺醺地给他的狗戴上文官的帽子取乐。在汉代，纯粹用作消

---

① 段成式《西阳杂俎》卷一。

遣的狗的种类还不存在,对于大多数老百姓而言,动物的娱乐价值显然属于从属地位。即便是在上流社会,人们所看重的也是狗的实用价值,例如狩猎、看管门户或者用于盘中食材。

从古代图画来看,用于看管门户的狗大部分外形貌似藏獒,它们的品种和如今的看门狗不大一样。为了便于拴绳子,人们通常给看门狗的脖子上套上项圈或者在其脖子和胸部套上项胸带,而脖子上通常会有一个圆环。

用于狩猎的狗则基本是那些类似短毛猎犬、勃拉克猎犬和灰猎犬之类的狗。皇帝有一个大型的养兽场,并指定专门部门负责养兽场管理工作。狩猎仅限于贵族特权阶层,而饲养猎犬是具有特定官阶的人才能从事的工作。一些皇室贵族因为饲养名贵猎犬而一掷千金,这种毫无节制的声色犬马的生活会招致百官在朝廷上的弹劾。

在中国,狗肉不仅仅是人们饥寒交迫时不得不吃的应急食品,根据古代文献记载,狗肉是皇室菜谱的固定组成部分。中国的南北各大菜系表明,狗肉可以促进消化,狗是可以被屠宰的动物,这一点可以通过厨房旁饲养狗的狗圈来证明。

显然烹饪狗肉的方法是非常多样化的。人们在公元前167年葬于湖南马王堆的轪侯夫人辛追的墓葬里,发现剩饭剩菜中有一些烧焦的骨头,它们残留在某种烤架上,而相关的文献上则记载了一系列菜谱,比如糯米狗肉汤、狗肉炖苦菜、麻仔(或小米)狗肉、狗油烤狗肝。而公元6世纪的一本农用手册中有一帖详尽的烹饪方法:

> 犬肉三十斤,小麦六升,白酒六升,煮之令三沸。易汤,更以小麦、白酒各三升,煮令肉离骨,乃擘鸡子三十枚著肉中,便裹肉,甑中蒸,令鸡子得干,以石迮之。一宿出,可食。[①]

---

① 贾思勰《齐民要术》卷九。

如此高成本的烹调方法如今不会在厨房出现了,然而,尽管曾经存在一系列的禁令禁止进食狗肉,如今还是有不少人视"香肉"(对于狗肉的委婉称呼)为美味菜品。

蹴鞠纹铜镜(出处不明,可能是湖南省,13 世纪)[1]

触处则蹴鞠鲤狂。[2]

---

① 图片来源:邵文良《中国古代体育》(香港,1986)第 116 页。
② 孟元老《东京梦华录》(1147)卷六。

59. 运动——竞赛和专注

现今湖南省博物馆、中国历史博物馆存有两面相同的宋末蹴鞠纹铜镜,其直径接近 11 厘米。镜背浮雕上有四个人,背景衬以假山与草坪。前面一男一女正在对踢,球从女子右脚飞出,对面戴幞头的男子蹲步前倾,作防御姿态,而后面一男一女两个仆人在做裁判。

传统上蹴鞠被认为是黄帝发明的,黄帝是传说中的一个统治者,关于黄帝的传记颇具有神话色彩。黄帝出生时间约在公元前 3000 年,然而关于蹴鞠的记载最早出现于汉代,而后有大量描写蹴鞠的文献:

> 圆鞠方墙,仿象阴阳。法月衡对,二六相当。建长立平,其例有常:不以亲疏,不有阿私;端心平意,莫怨其非。鞠政犹然,况乎执机![①]

关于比赛规则,如今已经不能重现其真实面貌了。可以肯定的是,比赛双方都要守护各自的场地,然而对于空间分配并没有图画或文学作品对其进行仔细的描写。汉代蹴鞠为双球门的直接竞赛,踢鞠入对方球门多者胜。而其后大概从唐代开始,双球门演变为单球门(风流眼),球门用网编成,在场地中央,对抗双方各在一侧,使球穿过风流眼多的一方胜。

胜方会得到奖励并进行庆祝,而负方则会受到嘲笑,并且(至少在宋代以后)要

---

① 李尤(55—135)《鞠城铭》,转引自严可均辑《全上古三代秦汉三国六朝文》(北京,1991)第 748 页。

受罚,队长要吃鞭子。从对负方严苛的处理中可以看出,蹴鞠在古代中国并不仅仅是一项休闲运动,同时也是一种练兵方法。在军事演习中,失败或者撤退的一方总是要接受严厉的惩罚。此外,尽管中国历来讲究男女授受不亲,即便是男女混合下棋也会被世人所蔑视,而蹴鞠和尚战好武的马球运动一样,其中有许多肢体接触的机会,但是蹴鞠却是女性也可以参与的活动。

另一项男性运动是摔跤,其发展与古代运动的普及紧密联系,最初盛行于北方。如今其规则已经失传,但是看到关于摔跤的画作就能让人联想起日本相扑。

同样的,击剑与射箭也是禁止妇女参加的。此外,射箭是(唐代武则天设立的)武举的考核项目,其中除了骑马外,贵族以及追求仕途发展的年轻人都要接受统一的射箭训练——少于用于战争准备中的投入,经过训练顺利参加狩猎,这是贵族最重要的社交活动之一。此外射箭与一些其他自卫技巧(部分带有强烈的仪式性)被认为是需要高度集中注意力的练习:

> 射者,进退周还必中礼。内志正,外体直,然后持弓矢审固。持弓矢审固,然后可以言中,此可以观德行矣。[①]

虽然徒手搏斗早已是汉人练兵的项目,但是把如今的武术认为是早期帝制时代或者更早时期出现的,这一点是缺乏确凿证据的。

同样缺乏证据的是把在欧洲同样受人喜爱的划龙舟运动和屈原相提并论。传说中屈原忠君爱国却遭流放,公元前278年楚都被破,屈原悲愤绝望投汨罗江而死,人们为寻其身体而划船打捞,划龙舟这一习俗便由此流传下来。且不论屈原投江自尽这件事情和龙舟赛在出现时间上相去甚远,而且这个传说中的某些说法也令人生疑,比如人们担心屈原掉进河中,会被河神当供奉品吃掉的说法。

毫无疑问,洪水泛滥经常会带来死亡,因此游泳被视作一项特殊的技能,而一

---

① 戴圣《礼记·射义》(相传成书于1世纪,其实约于公元2世纪末完稿)。

些传记中也会特别提到游泳所需的异常的耐力。而如今这项运动与体力及性能力紧密相连。人们还记得，毛泽东 1966 年游长江，也是为了展现其宝刀未老，从而震慑"对手"。

丝绸画中的棋女画像（新疆阿斯塔纳，8世纪）①

谁轼棋者，户外屦二。不闻人声，时闻落子。纹枰坐对，谁究此味……胜固欣然，
败亦可喜。②

① 图片来源：中国历史博物馆、新疆维吾尔自治区文物局《天山古道东西风——新疆丝绸之路文物特辑》（北
   京，2002）第 208 页。
② 苏轼《观棋》（1100），选自《苏轼诗集》（北京，1982）第七卷，第 2310 页。

60. 赌博——玩物丧志

1972 年，考古学家在新疆吐鲁番盆地戈壁边缘的阿斯塔纳发掘了一个出自公元 8 世纪中期的双人墓穴（被命名为 187 号墓穴）。该墓穴中出土了多幅丝绸画，其中包括一副残卷，画中为一名正在下棋的女子。这位女子身材丰腴，她的头发用一根簪子束着，浓妆艳抹的面颊上画着精致的眉毛，红红的脸庞、饱满的双唇和丰满的下巴。人们把唐玄宗最爱的杨贵妃（卒于 756 年）作为丰满美人的代表，而比杨贵妃早 30 年的陶俑表明，早在杨贵妃得宠成为红颜祸水之前，以胖为美的观念已为世风。此外可以推断的是，原本完整的画卷上应该还有一个下棋的女子，因为一个人独自下棋的风俗并不存在，而根据文献记载，中国古代也不流行男女对弈。

据文献显示，于 187 号墓穴合葬的男女墓主人出身于当时吐鲁番最具影响的张姓家族。他们可能是张雄将军非嫡系的后人。张将军（卒于 633 年）与其夫人（卒于 688 年）在阿斯塔纳的墓穴于上个世纪被发掘。墓穴中众多的陪葬品中有一个小棋盘，棋盘长宽各 18 厘米，高 7 厘米。棋盘已经具备了唐朝以后逐渐形成的主流棋盘分割规则：纵横各 19 条线，共 361 个交点。

相比较而言，西方根据日文"围棋"（いご）命名的下棋规则较简单，对战术思维要求更高。而围棋的玩法则类似军事策略游戏，将黑白棋子放到棋盘的交点上去保卫尽可能多的领土，同时孤立对手。根据考古发现，围棋在汉代就已出现，而根据文字记载甚至可以追溯到更早。不过，甚至在一些严肃出版物中也一直在宣传的围棋发明于公元前 2000 年左右的说法是没有事实根据的。这种宣传把某个虚拟神话人物和历史上真实存在的人物搞混淆了。

某些传说记载则证明中国古人还曾经热衷于双人游戏六博。玩六博时，双方各执六枚棋子，通过投箸或者掷骰子来确定行棋子的步数。根据文学作品与考古资料，六博出现于公元前 6 世纪，尤其在汉代极其盛行。尽管在许多文献资料中零星记载有六博的游戏规则，然而它的玩法也无法准确重现了。与注重军事策略的围棋有所不同，六博的起源大概是古代人尝试对天文现象进行描述和诠释。而东汉之后，六博迅速衰落，被世人所遗忘。至于六博游戏衰落的个中缘由，世人并不解其味。或许在汉朝末年，刘氏皇族天运衰落，影响了百姓的世界观，人们对于和天象有关的六博游戏由此亦产生了懈怠情绪。

中国人对于象棋的热情经久不衰。其起源可以追溯到公元 6 世纪。虽然象棋（以及西方国际象棋）的游戏规则起源于印度，但是中国象棋也有自己的一套独特性：不放在格子里，将军只能在一定的范围内移动，此外棋子不是拟物的形状，只是在圆形棋子上用文字标名。

在欧洲，人们印象中与中国联系最紧密的赌博应该是麻将了。虽然它也有很久的历史，但其出现不过才几个世纪。文学作品中常常会出现，打麻将导致最终将人身自由和财产做抵押，而因为赌资投入过高最终倾家荡产的人也比比皆是。

因赌博染上赌瘾并不新奇，在古代文献中就已经出现了关于"赌徒命运"的描写——他们失去一切社会联系，陷入经济困顿。而好辩论的儒家学者往往以这些嗜赌行为来做文章，他们不仅仅针对嗜赌的危害，还会借此来抨击道家思想对于"世风日下"的责任：

> 今世之人多不务经术，好玩博弈，废事弃业，忘寝与食，穷日尽明，继以脂烛……人事旷而不脩，宾旅阙而不接……至或赌及衣物。①

---

① 韦曜《博弈论》，由陈寿编入《三国志》卷六五。